部活でスキルアップ!

勝つテニス

動画でわかる最強のコツ50

Mates-Publishing

はじめに

　錦織選手の世界的な活躍で、テニスが注目を集めています。これまでも人気スポーツのひとつとして、多くの中高生が部活動にテニスを選び、レベルアップを目指して練習に取り組んできました。

　しかし、ただ練習メニューをこなしているだけでは、試合で勝てる選手にはなれません。自分のプレーを分析して特徴をつかみ、短所を克服しながら長所を伸ばしていくことが必要で、自分自身で考えることが成長につながります。

　ただ強い選手を育成するのではなく、社会に出て多方面で活躍できる人材を育成するのが、部活動のもっとも大きなテーマです。指導者と選手、先輩・後輩の人間関係など、多く学ぶことが部活動にはあるのです。

　テニスをはじめてプレーする1年生は、まず基本技術をマスターする必要があります。ストロークやボレー、サービス、リターンなどをイメージ通りに行えなければ、作戦や戦術

を遂行することができません。

基本技術を身につけることができたら、実戦的な練習で勝利するためのテクニックをマスターしてください。ラリーやサービス&リターンなど、さまざまなシチュエーションの練習法に取り組めば、試合での強い武器になります。

さらにレベルアップを目指すならば、ラケットを使わない練習にも力を入れなくてはいけません。テニスに必要な筋肉をトレーニングすれば、体力が充実して技術をより発揮できるようになるのです。

この本は、基本姿勢や正しいフォームを写真を使ってわかりやすく紹介しているので、じっくりと読み込んで身につけてください。また部活動を充実させるためのページも設けてありますので、参考にしてください。楽しみながら努力し、大会で好成績を残しましょう。

東海大菅生高等学校
硬式テニス部監督　矢崎　篤

この本の使い方

この本には、硬式テニスの部活動で活躍するためのポイントが50紹介されています。ストロークやサービスといった個人テクニックから、ネットプレーやフォーメーションといった戦術的なテクニック、さらに部のなかで自分がどのような役割を担うかなど、部活動を充実させるための知識がひと通り網羅されています。各ページには、解説しているテクニックを習得するためのコツがあげられ、二次元コードを読みとることで動画をチェックできます。

トッププレイヤーになるために、あらゆる面でレベルアップを目指し、頑張りましょう。

PART 2
POINT 12
スライス
開いた面で押し出す
CHECK POINT!
ラリーに緩急をつけ体勢を整える
テイクバックからやや打点を体の前にとる
バックハンドは胸を開いてボールを押し出す
ロビングなどで相手のタイミングを狂わす
ストロークにアクセントをつけるスライスショットは、ボールの下側を後ろから斜めにラケットを入れて、逆回転をかける。
フラット面で打ったボールと同じように、低い軌道で飛ぶが、相手コートでのバウンド後はさらに低くなり、ボールにストップがかかる。そのため相手はタイミングが狂ってしまう。
フォアハンドはもちろん、バックハンドで打つことができればストロークの幅が広がり、ときにはロビングとしても活用できる。
しかしスライスの逆回転をかけすぎるとボールが浮いてしまうので注意が必要。ラケットにはなるべくフラットに当てて、開いた面で押し出すイメージで打つ。大振りするようなショットではないので、面の安定感が重要となる。
動画をチェック
40

タイトル

このページでマスターするポイントと、テクニックの名前などが一目で分かるようになっている。

動画でCHECK!

二次元コードつきのテクニックは、二次元コードをスマートフォンやタブレットなどの端末で、読みとることで映像を見ることができる。

解説文

このページで紹介しているポイントと、関連する知識を解説している。じっくり読んで理解を深めよう。

CHECK POINT!

コツをマスターするためのポイントを3つ紹介している。練習する際は、常に意識して行おう。

コツ

タイトルとCHECK POINT!に連動して、コツをマスターするために写真を使って分かりやすく解説する。

コツ 1 ラリーに緩急をつけ体勢を整える

強打の相手やネットプレーに対して、有効なショットなので、自由に使いこなせれば、ラリーに緩急をつけたり、長い滞空時間中に自分の体勢を整えることもできる。やや高めのテイクバックからボールをすくいあげるように打つ。

コツ 2 テイクバックからやや打点を体の前にとる

上半身をひねって高めにテイクバック。ラケットを後ろに振りかぶり、上から斜め前方向にスイングしていく。前方向に体重移動するときはヒザを曲げることが大切。ボールの下にラケットを入れて、体の前に打点をおきインパクトする。

コツ 3 バックハンドは胸を開いてボールをコースへ押し出す

バックハンドは手打ちとならず、重心移動を意識してボールに体重を乗せていくことが大切。ボールはラケットの面にしっかりとインパクトし、狙ったコースに対してラケットのヘッドを下から入れる。このとき胸をしっかり開き、フォロースルーではボールの飛ぶ方向にヘッドを押し出す。

プラスワンアドバイス

コツをマスターするための詳しい知識やポイント、練習方法をアドバイスする。

+1《プラスワン》アドバイス ヒザ下のボールをスライスで打つ

スライスショットを使うのは、おもにヒザより下で打たなければいけないボール。トップスピンで返せない打点が使いどころだ。そこからネット上をふわっと浮かせて通すために、おもに守備で使われるコントロールショットともいえる。

41

※二次元コードについては、お手持ちのスマートフォンやタブレット端末バーコードリーダー機能、または二次元コード読み取りアプリ等をご活用ください。

※機種ごとの操作方法や設定等に関するご質問には対応しかねます。その他、サーバー側のメンテナンスや更新等によって、当該ウェブサイトにアクセスできなくなる可能性もあります。ご了承ください。

※ YouTube の視聴には、別途通信料等がかかります。また、圏外でつながらないケースもあります。あわせてご了承ください。

※本動画の権利は株式会社ギグに属します。再配布や販売、営利目的での利用はお断りします。

目次

※本書は2019年発行の『部活で差が付く！ 勝つテニス 最強のポイント50』を元に加筆・修正を行い、動画の追加、書名・装丁を変更して新たに発行したものです。

PART 1
硬式テニス部の活動

POINT 01

社会に出て活躍できる人をつくる

CHECK POINT!
❶ 練習スタイル(日数)は部活によって変わる
❷ コート面数によっても練習の質が変わる
❸ 部の運営にはさまざまな経費がある

自分の役割を意識し 社会で活躍できる準備を

学校の部活動であれば、どのような実力・レベルであっても、大きな目標は人間形成だ。テニスを通じていかなる人間を作るかがテーマとなる。そして、もうひとつが、実際の部活動の競技についての結果である。これは部のレベルによって変わってくる。

しかし指導者が常に考えているのは、社会に出て自分の活躍できる場や自分を見失わない人間を作ること。**特に部活動は、会社と同じ縦割り社会の縮図で、3学年から6学年が在籍していて、その中での自分の役割を意識しなければならない。**

先輩後輩の関係や部の活動のなかでの役割分担などを体験できるのが、クラブチームやスクールと違うところ。部活動に入部する際は、その点を理解していることが大切だ。

コツ① 練習スタイル(日数)は部活によって変わる

活動日は学校によっていくつかのパターンがある。「部活だけ」「テニススクールだけ」「部活とスクール併用がOK」など。練習は大まかに義務練習と自由練習とフリーとオフの4つに分かれ、義務練習が週7日の学校もあれば、2日間あとはフリーの学校もある。

コツ② コート面数によっても練習の質が変わる

コートの面数に対して、部員が何人いるかという比率がポイント。技術の上達を目指すのであればどんなに多くても一面に8人以上は無理をきたす。どんなに質の高い練習をしても、ボールを打つ機会が少なくなれば、その分だけスキルアップが遅くなる。

コツ③ 部の運営にはさまざま経費がある

部費は学校によって違う。運営費としてボール代や大会のエントリー、交通費などさまざまな雑費がかかるが、学校で負担したり、一部を部費で賄う方法がある。これ以外のラケットなど用具代、スクール代などは個人持ちとなる。

+1《プラスワン》アドバイス 生徒の自主性を重んじて予定を立てる

硬式テニスの場合、技術指導できるコーチの少なさからテニススクールを活用している学校も多い。東海大菅生高では、基本的に週3日間の学校練習に参加すれば、スクールに通うことも許している。あとは週1日のオフをとれば、生徒のスケジュール管理に任せている。

POINT 02

それぞれが役割を担う

CHECK POINT!

❶ 監督は部の運営から選手育成まで携わる
❷ 選手たちの信頼の厚いキャプテンを置く
❸ マネージャーの仕事は多岐にわたる

監督と部長、キャプテン、マネージャー、選手で構成する

部の構成は、監督と部長、マネージャー、そして選手。選手には上級生と下級生がおり、選手のトップにキャプテン、その下に副キャプテンがいる。

監督は団体戦のときにベンチに入り、部全体の運営とコートでの指導を統括する。ときに監督は球出しも行ったり、ラリーの相手、ボール拾いをすることもある。

教員を部長として置いている学校は、部費の管理や対外的なものなど、部の運営面に部長が携わることもある。

監督とキャプテン、選手たちとの橋渡しとなるのがマネージャーだ。マネージャーの仕事も多岐に渡り、強豪校では欠かせない存在といえる。

また部によっては外部コーチを呼んで技術指導を仰ぐケースもあるが、部の予算的に厳しい面もある。

コツ❶ 監督は部の運営から選手の育成まで携わる

練習試合は監督がアレンジし、部長は全国大会に行ったときの主務的なことを行うなど、それぞれが対外的な役割を果たす。強豪校の場合、試合へのエントリー手配や遠征の段取り、さらには練習試合、合宿の企画などやることは多い。それと並行して選手を育成するという大きな仕事がある。

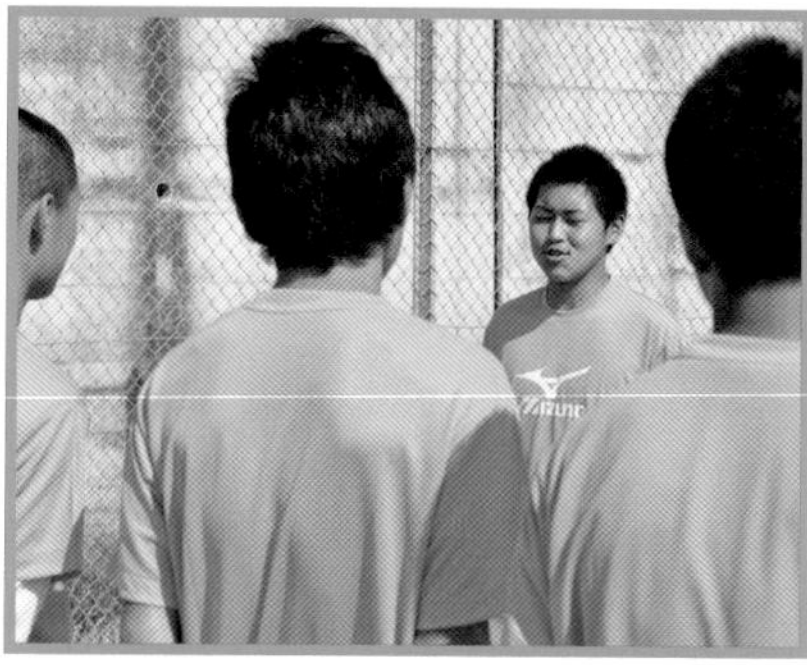

コツ❷ 選手たちの信頼の厚いキャプテンを置く

キャプテンはリーダーシップで選手たちをまとめる。監督とのパイプ役、連絡役、調整役も担う。キャプテンとして有能な選手がトップにいると、自然と部もまとまる。東海大付属菅生高の場合、選手が3年生が引退するときに下級生たちと相談したうえでキャプテンを任命する。

コツ❸ マネージャーの仕事は多岐にわたる

マネージャーはコート外の選手との関わりや監督とキャプテン、選手との連絡役を担う。ときには試合で相手チームの戦力分析なども行う。また強豪校では、ストリンガーというガットを張り替える役をマネージャーが兼ねる。1日に5、6本張るというぐらい忙しい仕事だ。

+1《プラスワン》 アドバイス 先輩後輩の関係から人を育成する

東海大菅生高では、入学したときから1対1のマンツーマン指導制をとる。1年生1人に必ず先輩1人ついて、ある時期までは一年生の面倒は先輩が見て、後輩のミスにも責任が及ぶシステム。これは会社での人間構図でもあり、「社会に出て活躍できる人間育成」という部活動の方針に基づいて、指導する。

POINT 03

自分の実力に合った試合に出る

CHECK POINT!
❶ 硬式テニスのシングルスを戦う
❷ 強豪テニス部はダブルス戦を強化する
❸ 監督やコーチの手腕が大事な団体戦

国内外のトップを競う大会がある

硬式テニスの試合には様々なカテゴリーがあり、一番上はITF（インターナショナルテニスフェデレーション）のジュニア部門がある。これは世界共通で、ITFのポイントが入る大会が日本でも4つのトーナメントがある。

次にあるのが、日本テニス協会主催のジュニアの試合で、その頂点が大阪で夏に開催される全日本ジュニア。

これを目標に各地域でポイントをとって予選に出場する仕組みとなっている。

このほかにも高体連の試合があり、インターハイ（団体と個人）と選抜（団体メイン）などがある。

それに私学大会、公立戦のようなローカルの試合もあり、**一年間のスケジュールでほぼオフがないというぐらい、各地で試合が行われている。**

コツ❶ 硬式テニスのメインとなるシングルスの試合

硬式テニスには、一対一で試合を行うシングルス戦がある。これが硬式テニスのメインといえる。試合開始前のトスで決めた選手がサーバーとレシーバーに分かれ、ゲームを行う。選手はサービスをゲームごとに交替し、奇数ゲームごとにコートも入れ替わり、ゲーム(セット)獲得数で勝敗を競う。

コツ❷ 強豪テニス部はダブルス戦を強化する

硬式テニスには、二対二で試合を行うダブルス戦もある。基本的なルールはシングルスと変わらないが、コートの広さやサービスとレシーブの順番にペア間に決まりがある。学校別の対抗戦でも重要視されるダブルス戦だけに、部としては強いダブルスペアの育成が求められる。

コツ❸ 監督やコーチの手腕が大事な団体戦

硬式テニスの試合では、学校またはチーム別の団体戦もある。シングルスとダブルスで複数の試合を行い、トータルの勝ち数で勝敗を競う。相手チームのメンバー構成や選手同士の相性などを分析して、自チームのメンバーを決める。監督やコーチの手腕が重要となる。

+1《プラスワン》アドバイス 自分たちの目的・レベルに合った試合に出場する

硬式テニス部の試合カレンダーは、ほぼ通年で完成されおり、その中で各自のレベルを見てどの試合を選択するかがポイント。日程によっては重複してしまう大会もあるので、綿密なスケジューリングが大切だ。各選手のコンディションも含めた調整が必要となる。

POINT 04

自主的な練習への打ち込みで実力をあげる

部活動のテニスでは理論的に考えてプレーする

テニスでは一般的に、プロになって結果を残すためには14歳までに、ストローク、サービス、ボレーといった基礎テクニックを一通りマスターしておかなくてはいけないと言われている。しかしながら部活動からはじめる選手は高校生ならばそのリミットを過ぎた年齢からのスタートになり、中学生からでも1年しかない。だからといって、部活動からテニスをはじめた選手に可能性がないというわけではない。

幼い頃からやっていない分、五感でとらえて筋肉に伝達するコーディネーション能力は劣るが、各ショットのテクニックを理論で理解すれば充分にプレー可能だ。そのため、頭を使って取り組まなければいけないので、指導者が提示するメニューをただ

生徒が迷ったら指導者が、しっかりフォローできる環境づくりが大切。

こないすという取り組み方ではレベルアップしない。**自己分析してプレースタイルを考え、長所を生かし短所を克服する練習を行う必要がある。**頭を使ってプレーすることを習慣にすれば、戦術を練ったり年間スケジュールを立てる際にも理論的に考えられるようになる。これは幼い頃からプレーしている選手にはできない成長方法なので、部活動からはじめる選手はこれを長所ととらえて上達につなげて欲しい。

技術に加え体力を鍛えて弱点をなくす

また、テニスは前後左右に大きく走る競技であるため、体力的な消耗が激しい。それに耐えられる体作りも重要だ。プレーに慣れてくればある程度は動けるようになるが、甘えが生じて中途半端なプレーになることがあるので、テクニックの練習とは別にしっかりと筋力をつけるトレーニングをしなければならない。**瞬発力を高めるものと持久力を高めるものを分けて、2つを鍛えることができれば戦える体になる。**

また、瞬発力と持久力にはその選手の今までの習慣やスポーツ歴などによって差が出るので、不足している部分を補うメニューを組むことも重要だ。体育の授業や部活動内でスポーツテストを行って、その成績を見れば自分に足りない能力がわかるはずだ。

しかし部活動の練習では選手全員で同じメニューをこなすので、補うトレーニングは練習外の時間に行う必要がある。不足している部分を鍛えるのはきついトレーニングになるが、それでもモチベーションを落とさずに取り組めた選手は飛躍的に伸びる。1つ上のレベルにあがる

限られた時間のなかで「全体練習」を行い、部としてのまとまり強くする。

ためには、自主練習が必要不可欠なのだ。**技術だけでも体力だけでもテニスで勝利することはできない。両方を伸ばすことがプレーヤーとしての成長につなが**ることを心得て、日々の練習に取り組もう。

目標に合った学校を選び自己管理して上達する

また、レベルをあげていくためには、自己管理も重要になる。**自分がどういうプレーヤーになりたいのかを明確にして目標を設定し、それを達成するために練習に取り組む。**しかしその考えに合わない環境ではどんなに頑張っても力をつけていけないので、**学校やクラブチームに入る際にはしっかりと下調べをして選ばなくてはいけない。**

たとえば、今のレベルで試合に出続けられるチームに行くのか、強豪校にいってチャレンジするのか。試合のメンバーから漏れても、「次は絶対に入ってやる！」と向上心につなげていければ、出られないことにも意味が生まれる。そのチームでプレーすることに納得できれば、モチベーションがさがることはないのだ。

テニスは実力の世界なので、メンバーに入れるレベルのチームにいったとしても、ものすごく強い同期がいたり、全国レベルの後輩が入ってきてメンバーから漏れることもある。**多くのチームはチーム内で試合を行ってランキングをつけ、その上位の選手を試合に出場させている。**部活には上下関係が重要視されるが、先輩の3年生でも後輩に負ければ試合には出られないのだ。

このときに挫折するのではなく、こういう世界だからこそ自分の力を高めていける、と思考できる選手が強くなる。負ければ自分の不足している技術が浮きぼりになるので、それを補おうと練習メニューを考える自主性にもつながる。

また、**ランキング上位者に挑む入れ替え戦をチーム内で行うと、いつでも勝負をしかけられるため競争が激しくなり下**

位の選手の励みになる。上位者はいつ試合を申し込まれるかわからないので、常にコンディションを整えておかなくてはならず、テニスへの意識を高める効果がある。

試合に出られるようになったら、次は大会で勝ち進むことを考えてテニスに打ち込む。**テニスはオフシーズンがほぼないほど1年間に多くの大会が開催されるので、全て出ることは難しい。どの大会に出るのか、そしてどの程度の結果を出したいのかを1年の始めにしっかりと考えておく**ことが勝ち進んでいくためには必要だ。チームによっては出る大会を限定する場合もあるので、そこでも学校選びが重要になる。自分に合った環境を選んで、勝利するために必要になる練習をしよう。

最後の大会で実力を発揮することを目標にする

練習に取り組んで能力を伸ばせば、試合のメンバーに選ばれる。しかし強豪校との試合や自分よりレベルの高い相手に当たったら、負けることもあるだろう。

しかしそれで挫折してはいけない。まだジュニア世代なのだから、次がある。**敗北は結果としてとらえて原因をしっかりと反省し、頭を次に切り替えることが重要だ。**

上手く切り替えられず負けるたびにクヨクヨしてしまうのであれば、自分の最後の大会で実力を発揮することを目標にしよう。1〜2年生の間はまだ成長過程として、**3年生のシーズンで自分が最も結果を残したいと考える大会を目標に、その大会を部活動の集大成にする。**3年生の最後の大会を不完全燃焼で終えてしまうのはあまりにも悲しい。その大会を自分のピークにできるように、長期的な目標を立てておけば良い精神状態とコンディションで試合にのぞめる。負ければ引退というトーナメントの中でも、自信を持てれば練習で培った実力を100%発揮できるのだ。

チームにはメンバーから漏れても練習に付き合ってくれたチームメイトがいて、その選手たちの意思も背負ってコートに立つとう状態は、部活のメインテーマである「人格形成」においても、この上ない成長の場となる。

最後の試合で完全燃焼できるかが大事なポイント。

CHECK POINT!

❶ 自分を分析して長所を伸ばし短所をなくす
❷ 瞬発力と持久力を高めて体力を充実させる
❸ 技術と体力が備わった選手が勝利する
❹ 目標を設定して達成するための練習をする
❺ チームを下調べしてから入部する
❻ 多くのチームはランキング戦でメンバーを決める
❼ 入れ替え戦を行うとチーム内の競争が激しくなる
❽ 全ての大会には出場できないので選ぶ
❾ 負けたとしても頭を切り替え引きずらない
❿ 3年次の試合を部活動の集大成にする

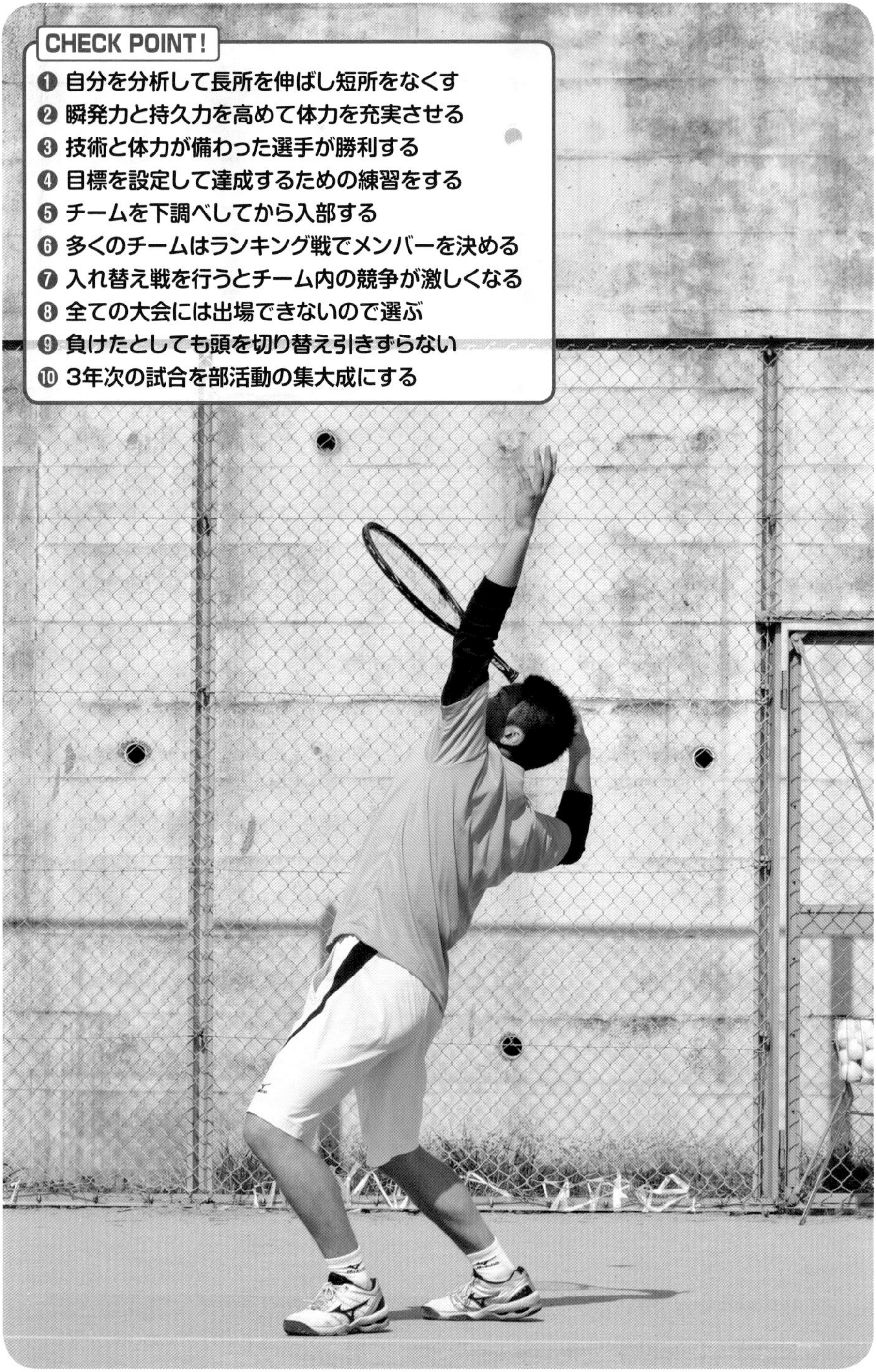

PART 2

新入部員のための上達ドリル

POINT 05

自分にあったフォームを身につける

CHECK POINT！
❶ 軸を決めてフリーフットを開放する
❷ 中心のやや下でインパクトする
❸ スイングのメカニズムを知る

特徴にあったフォームづくりで選手を育成する

新入生が入ってきたら、その選手がどれぐらいのスキルがあって、どのような打ち方が得意なプレイヤーなのか、指導者は把握した上でコーチングすることが大切。片足で打つとき、軸足を前にするクローズドスタンスか、後ろ足にするセミオープンスタンスのどちらが得意であるかを見抜くことが重要である。ツマ先とヒザ、アゴをまっすぐにしつつ、軸足とは逆の足を開放する動きがポイント。ディフェンシブ、オフェンシブな場面に限らず、極端な打ち方をしている選手は、無理に矯正せず良いところを伸ばす。

テニスは科学的な研究によって進歩しており、かつてのアドバイスが誤っていたり、古い指導法の中には否定されているものもある。例えば「テイクバックは速く大きく」と指導されていたが、「速く」かつ「大きく」テイクバックすることは難しくて無理がある。このような矛盾した指導をしないように、指導者は新しく正しい情報を常に手に入れて、それらをしっかりと整理して正しいフォームを教える必要がある。

ショット精度をあげるために面の中心より下で打つ

ストロークを打つ場合もインパクトは、「ラケット面の中心で」という指導がなされてきた。しかし、ボールをコントロールするには、面の中心でインパクトしたボールでは、スピードはでるもののコントロールが非常に難しい。

フラットなボールを打ったり、スピンをかける場面でもラケット面の中心より、やや下でインパクトすることで、狙ったところにボールをコントロールできる技術が身についてくる。普段の練習時でも、ただ漫然とボールを打つのではなく、インパクト面を意識した取り組みが必要になる。

インパクトは中心より
やや下

ペットボトルの素振りでスイングの仕組みをチェック

初心者が正しいフォームを身につけるためには、フォームの確認が大事。鏡の前に立って素振りをして、自分のフォームをチェックすれば客観的に見ることができる。しかしそれだけでは見えない部分が多く、ボールがないと普段と異なるスイングをしている可能性もあるので、ビデオで録画するのも良いだろう。

ペットボトルに水を入れてラケットのようにゆっくりスイングすることで、フォームのメカニズムをイメージすることができる。ペットボトルの中にある半分ほど水が、スイングにあわせて動くのを見ることで、力が加わるポイントがスイング軌道でどこにあるのか、チェックすることができる。チェック後はペットボトルをラケットに持ち替えて、ボールを打つことでインパクト時の強さや面のつくり方を再現していく。

ペットボトルをスイング
して水の動きをみる

POINT +α 片足に軸を置いてストロークする

後ろ足に軸のストローク

球出しはネット際からサービスエリア付近にボールを出す。練習者はネットにタッチした後、バックステップしながら後方にさがり、後ろ足に軸を置いて片足でインパクト。フリーフットの前足をスイングの邪魔にならないよう開放する。

前足に軸のストローク

球出しはネット手前にバウンドさせて相手コートにボールを出す。練習者はボールに飛びつき、前足に重心を置いてボールをインパクトする。ウエイトが上手に乗るようにフリーフットの後ろ足を跳ね上げるように開放する。

動画をチェック

POINT 06

肩とヒジ、手でボレーを打ち分ける

動画をチェック

ボレーするエリアによってスイングを調整する

ボレーの技術を磨くときは、シチュエーションや体の使い方を理解しないで、ボールに向き合っていても、なかなか実戦で役立つテクニックは身につかない。**コート上を大きく三つのエリアに分けて、それぞれの位置に適したスイングでボレーすることがポイントだ。**

コート中央で、自分の肩より上のボールは、アウトになるので打つことは少ない。足元にきたボールに対して、肩を中心としたスイングのショルダーボレーでインパクト面を下で開いて返球する。

サービスエリア手前ではある程度のハイボールも返球しなければならない。この場合はヒジを中心としたアームボレーでボールをコントロールする。さらにネット際になると、肩や腕は使わず、ボールに対して面を合わせて、インパクト時に力を入れるだけのハンドボレーとなる。

POINT 07

下半身の動きを入れてサービスを打つ

動画をチェック

下半身主導でリズムを一定にサービスを打つ

サービスはゴルフのパターと同じようにメンタルが影響を及ぼし、スイング動作を乱してしまうことがある。

コンディションが悪かったり、疲労でゲーム中に体がうまく動かないときなどは、どうしても手だけのスイングになってしまい、サービス本来の力強さが失われるばかりか、スイングのリズムが乱れてコントロールが難しくなる。

練習時から体を大きく使った動作を身につけ、サービスのリズムを体に覚え込ませることが大切。下半身を主導させて、体を大きく使うことで全身の力をインパクトに集中でき、常に同じタイミング、同じ打点でボールをヒットできるようになる。運動を連鎖的におこさせ、流れをつくることで好不調の波が小さいサーバーに進化することが可能になる。

オープンスタンスで打つ

ラインに対してフラットに立ち、サービスを打つ。クローズドスタンス以上に体を大きく使わないと、強いボールが打てない。交互にスタンスを変えて打つのも効果的。下半身主導のスイングで体全体を連動させる。

体を大きく使って打つ練習法

リズムを意識して打つ

パートナーに少し離れたところからボールを投げてもらい、練習者はボールを受けてた動作から、そのままサービスのトスのモーションに入る。一連の動作をできるだけ大きく、リズムをつけて行うことで体全体を使ったサービスができる。

運動連鎖をおこさせる練習法

インパクト位置を意識して打つ

「ビックサーバー」といわれるサービスの精度が高い選手は、インパクトのポイントが試合を通じてブレることが少ない。スピードが速く、コントロールが効いたボールを打つためには、中央ではなくラケット先端付近の左右でインパクトする。

コントロールを身につける方法

POINT +α 正しくラケットを握る

CHECK POINT!

1. ストロークに適したイースタン・グリップ
2. サーブアンドボレーに適したコンチネンタル・グリップ
3. フォアから強いボールが打てるウエスタン・グリップ
4. 握りを微妙に変えるセミウエスタン・グリップ

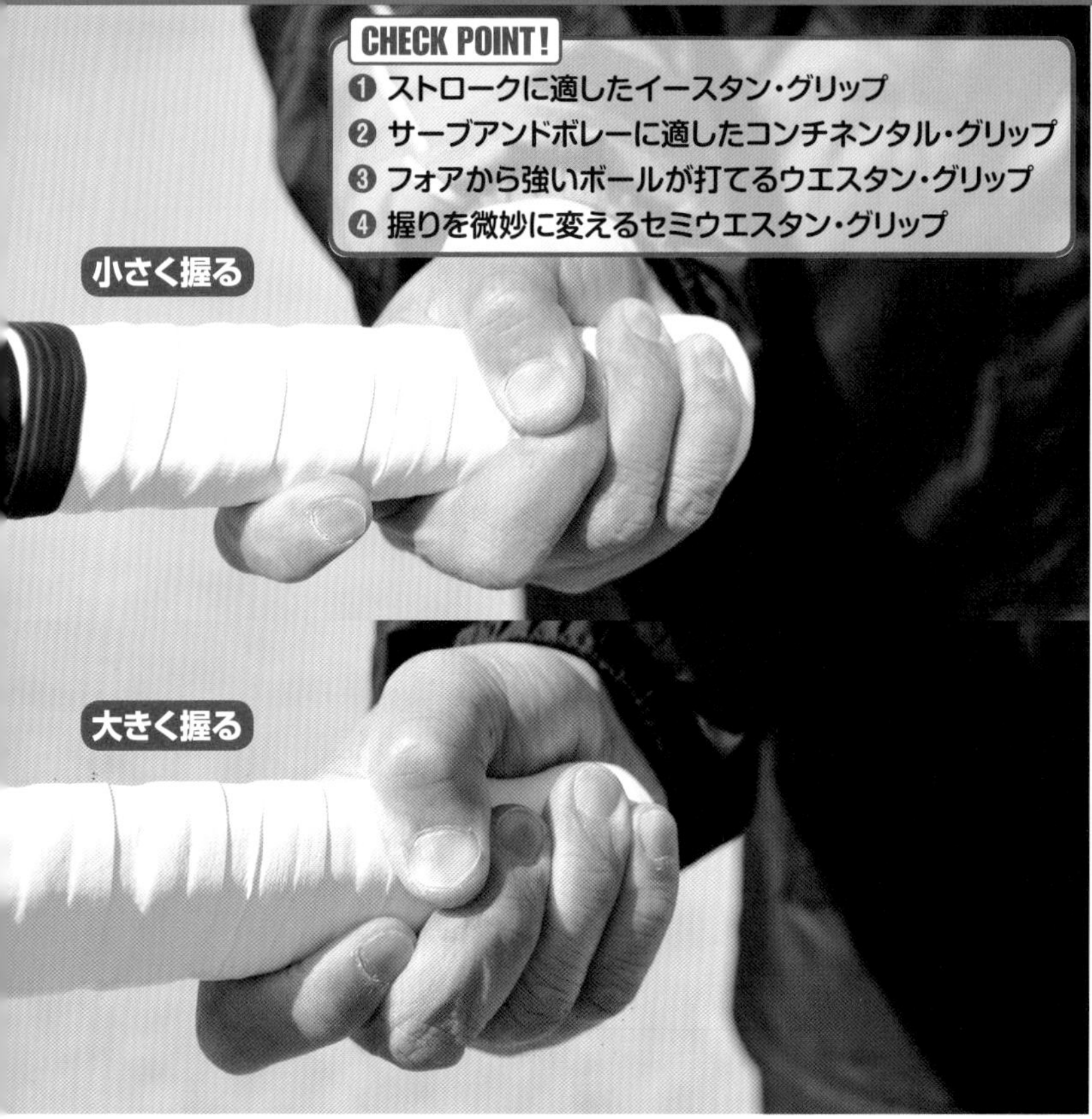

グリップの握り方によってプレースタイルが決まる

初心者（1年生）は、まずラケットのグリップを握ることからスタートする。この握り方によってプレースタイルが決まるといっても過言ではない。かといって目指すプレースタイルをイメージしてグリップ探しをするには無理がある。自分のフィーリングを大事にし、握った感覚が良いものをセレクトするのがベターだ。

　握る上でのポイントとしては「大きく握る」のか「小さく握るのか」という点。大きく握ればフラット系の強いボールが打ちやすくなり、小さく握れば手首が自由に効いて、トップスピン系のボールが打ちやすくなる。

　まずは握りの「大小」の傾向を理解したうえで、さらに四つに分類されたイースタン・グリップ、コンチネンタル・グリップ、ウエスタン・グリップ、セミウエスタン・グリップの握りを試してみよう。

コツ❶ ストロークに適した イースタン・グリップ

手の平の延長にラケット面があるので、ボールを打つ感覚がつかみやすいイースタン・グリップ。フォアハンドで強いボールを打つことができるのが特徴だ。初心者にも扱いやすいが、高い打点のショットやトップスピンなど回転系のボールが打ちにくい傾向がある。

コツ❷ サーブアンドボレーに適した コンチネンタル・グリップ

ラケットを地面から垂直に立て、包丁を握るようにグリップを握る。サーブアンドボレーに向いており、スライスなども打ちやすい。このグリップだけでフォアとバックがしっかり打てる。グリップが薄いため、片手で打つバックハンドはやや不向き。

コツ❸ フォアから強いボールが打てる ウエスタン・グリップ

ラケット面を上にして地面に置き、そのままグリップを真上から握る。トップスピンがかけやすく、高い打点でのボールを叩くことができる。フォアハンドでは強いストロークを打つことができるのが特徴。

コツ❹ 握りを微妙に変える セミウエスタン・グリップ

バックハンド（シングルハンド）、フォアハンドイースタン・グリップで握り、フォアハンドとバックハンドで微妙に握り方を変える。ウエスタン・グリップと同じようにスピンがかけやすく、強いストロークが打ちやすい。

POINT +α

正しい姿勢でボールを待つ

CHECK POINT!

1. 左右に移動するサイドステップ
2. アプローチショットで使うキャリオカステップ
3. 後ろにさがるクロスステップ
4. 待球姿勢から小さくジャンプするスプリットステップ

ボールを待つ姿勢で反応が変わる

ボールを打つ前に大切なのが「姿勢」と「フットワーク」だ。ボールを打つためには、コースを見極め、すばやく反応して落下点に入らなければならない。**前後左右にすばやく反応するための準備が「姿勢」であり、その場所に移動するのが「フットワーク」だ。**

理想的な姿勢は軽くヒザが曲がり、骨盤が前傾し、背筋がまっすぐの状態。上半身はやや前傾でリラックスしている。この姿勢をとることで前後左右、どの方向にでも動き出すことができるのだ。

また実際に動き出す方法には、複数のステップがある。どれも重要なのでマスターしておきたい。第一歩目の動き出しをすばやくするためのスプリットステップ、左右に動くためのサイドステップ、前に移動するためのキャリオカステップ、後ろに移動するためのクロスステップがある。

動画をチェック

コツ① 左右に移動する サイドステップ

左右に動くときの基本のステップ。重心は体の中央に置き、できるだけ上下動せず足を動かす。ベースライン中央に立ち、フォハンドのサイドにサイドステップを使って移動。コートの端でスイングし、元の位置に戻る。次はバックハンドのサイドにサイドステップを使って移動し、同様にスイングしてから元の位置に戻る練習をしてみよう。

コツ② アプローチショットで使う キャリオカステップ

アプローチショットでネット際に詰める場合などで使うステップ。足を交差させながら前に進むため、体が上下せずスイングが安定する。後ろ足を前足のかかと側に追い越すステップなので、初心者は難しい。

コツ③ 後ろにさがる クロスステップ

ロブがなどさがってスマッシュの体勢に入る場合にはクロスステップを使う。すばやく打点の場所に移動することができる。ポイントはネットに対して横向きになり、右足と左足を交差させることにより移動する。さがるときに正面を向いてしまうと、動作に遅れがでてしまう。

コツ④ 待球姿勢から小さくジャンプする スプリットステップ

前後左右どこにでも動き出せるように準備するのがスプリットステップ。基本の待球姿勢から小さくジャンプして、着地するまでにボールがフォアサイドまたはバックサイドに飛んでくるのかを判断する。着地したときには、その方向に足が動き出すように一歩目を踏み出していく。

POINT 08

体をねじってテイクバックする

CHECK POINT!

❶ 足を使ってボールの落下点で構える
❷ 体をねじったテイクバックを心がける
❸ さまざまな打点からベストのショットを狙う

基本のフォアハンドをマスターする

試合でも頻繁に使うがストローク技術、まずは基本のフォアハンドをマスターしよう。

ストロークの流れとしては、ボールの落下点に入るフットワークにはじまり、構えとなるテイクバック、そしてスイング、インパクト、フォロースルーと続く。

特に大切なのがテイクバックの段階での体のねじり。初心者は、この動きがスムーズにできず、手打ちとなって勢いある球が打てない。

落下点にすばやく移動したら、しっかりヒザを曲げ、テイクバックしたところからすばやく振ってインパクトする。このとき両足間の重心移動も大切。打ち終わったらフォロースルーに入り、次のプレーの準備に入る。

これら一連の動作がどんな打球（打点）でもスムーズに行えるようにしたい。

動画をチェック

コツ① フットワークを使って ボールの落下点で構える

どんな状況でも、フットワークを使ってしっかり足を動かすことが重要になる。すばやくボールの落下点に入り、軸足をつくってテイクバックをとる。そうすることで強いボールが打てるからだ。テイクバックが安定していないと、打点が定まらずミスの原因となる。

コツ② 体をねじった テイクバックを心がける

ボールの落下点に移動し、構えに入ったらテイクバックをコンパクトにラケットを振りあげる。テイクバックが大きすぎると、打球に対しての振り遅れの原因となりがち。体をねじったテイクバックから、鋭くラケットを振り出していくイメージを持とう。

コツ③ さまざまな打点から ベストのショットを狙う

テニスの試合ではあらゆる打点に対応して、ショットを打たなければならない。返球はネットの上50cm～1mを狙い、相手コートのエンドラインいっぱいのところで弾むのが理想。練習を通じて、どのような力加減でボールが飛ぶのかしっかりイメージしておきたい。

+1《プラスワン》 アドバイス フォアハンドの強さは 選手としてのバロメーター

フォアハンドのストロークは、最初にマスターするテクニックだけに、苦手意識を持っている選手は少ない。しかしトップ選手たちのフォアハンドは、強さはもちろん精度が高い。自分の技術に慢心せず、より高いレベルにあがるためにも常に練習から意識して取り組みたい。

POINT 09

グリップを空けて握る

CHECK POINT!

❶ 弧を描くような弾道のショットを打つ
❷ インパクト時にグリップを強く握る
❸ 肩を前にし出し左手で振り抜く

ラケットを下から上へ振りあげる

トップスピンは、試合でのストロークで大半を占める重要なテクニック。グランドストロークやリターンの場面で、決めるショットとしてもつなぎのショットとしても使える。通常のストロークに比べると、ボールに多く回転をかけるのでラケットがボールに対して下から出てくる。

ラケットを振りあげ、ヘッドを走らせることでラケットを下から上にスイングする。グリップをやや空けて握り、インパクト時に強く握るイメージだ。

ボールを打つ前にはラケットをどれだけ下に落とせるかが大切だが、手首だけで落とそうとするとミスショットの原因。ラケット全体を落として、それを勢い良く振りあげるとボールにタテ回転がかかってボールが落ちるのだ。これはフォアハンドもバックハンドも共通したポイント。

動画をチェック

コツ① 弧を描くような弾道のショットを打つ

テイクバックまでは通常のショットと同じだが、スピンをかけるので全身の力が必要。ボールへの入り方は、いつもより下からになる。ネットより低いボールを打つときには、しっかりスピンをかけて弧を描くようなボールを打つ。

コツ② インパクト時にグリップを強く握る

打点は前足の横にとり、ラケット面でボールを下から上へこすりあげるようにインパクトする。インパクトからフォロースルーにかけては、手首を打球方向に返し、よりスピンの効いたボールを打つ。インパクト時にグリップを強く握ることがポイント。

コツ③ 肩を前に出し左手で振り抜く

バックハンドでもボールを下から上へこすりあげる。理想的なスイングは、大きな弧を描き、体全体で伸びあがっていくようなフォーム。振り抜くときは左手を使い、右手は緩むイメージ。しっかり振り抜こう。

+1《プラスワン》アドバイス 後ろ足に重心を置きバックハンドで打つ

バックハンドで打つトップスピンの応用テクニック。後ろ足に重心を置いたまま、ボールをインパクトする。スイングの手順は変わらないが、バックサイドの深いところに走らされた場合、このショットが打てると武器になる。

POINT 10

回転量を増やしたロブで攻める

CHECK POINT!
❶ フットワークを使ってボールの落下点に移動する
❷ 肩の力を抜いて角度をつける
❸ ロビングがあることで試合を有利に進める

ロブの高さ、ボールの回転、距離感をつかむ

相手の陣形を崩したり、自分の体勢を整えるためのロブは、回転が少なくても深く打つことが大切。しかし完全に相手の頭上を超えてエースをとるためには、トップスピンがかかったロブでないと決まらない。無回転のボールは落ちてくるのも遅くとられてしまうからだ。

また打ち方にしても、いかにもロブを打つのが相手に分かるような構えでは決まらない。**攻撃的なロブのときは、普段と同じストロークの形から打つ瞬間からスイングの軌道を変えて、相手に気づかれないようにあげる。**攻撃的か守備的かでもロブの打ち方は変わってくるのだ。

力加減は練習で身につけるしかない。重要となるロブの高さ、ボールの回転、距離感をつかむことが近道といえる。

動画をチェック

コツ❶ フットワークを使って ボールの落下点に移動する

ある程度スピンのかかったロビングを打つためには、高い打点でボールを処理することが大切。フットワークを使って足を動かしすばやくボールの落下点に入る。このとき相手にロビングを読まれないように、通常のショットのように構える。

コツ❷ 肩の力を抜いて 角度をつける

バックハンドでもうまくトップスピンをかけて、相手コート内に落とすためには、肩に無駄な力を入れず、手首に柔軟性を待たせること。下からラケットを振りあげて角度を上にすることでロビングに高さを出す。

コツ❸ ロビングがあることで 試合を有利に進める

シングルスの試合ではロビングを攻撃的に使うことは少ないかもしれない。ロブは大体ディフェンスのときに打つことが多いのだ。とはいえダブルス戦や女子の試合では効果的なショットといえる。しっかりマスターしておきたい。

+1《プラスワン》アドバイス 球をあげることを意識し過ぎない

ロビングを高くあげようと意識するあまり、手首を使ってこねたり、体が後傾になってしまうのはNG。体勢を崩されたときの時間稼ぎはもちろん、相手のいないスペースに打つロビングでも同様のフォームで打てることが理想だ。

POINT 11

肩を前に出しテイクバックする

CHECK POINT!

❶ フットワークを使ってボールの落下点に入る
❷ 体をねじったテイクバックから鋭くラケットを振る
❸ 利き腕と逆の手をうまく使って打つ

苦手意識をなくし正しいフォームをマスターする

バックハンドに対しては苦手意識を持つ選手もいる。しかし実際はフォアハンドがテイクバックから体の遠いところで操作するのに対し、バックハンドは常に腕が体の近いところにあるので安定している。

両手打ちにするか、片手打ちにするかという選択はあるものの、一度覚えたテクニックは、あらゆるショットに活用できるので正しいフォームをマスターしておきたい。ポイントになるのは、フォアハンドと同じ上体のひねり。バックハンドではひねりの動作を入れると、相手に背中をみせるようになり、ボールが見えにくい状況もありうる。しかし**利き腕の肩を前に出し、しっかり踏み込めば自然とテイクバックできるのだ。**

あとはテイクバックで蓄積した力をスイングからインパクトで発揮するだけだ。

動画をチェック

コツ❶ フットワークを使って ボールの落下点に入る

バックハンドでも、フットワークを使ってしっかり足を動かすことが重要になる。すばやくボールの落下点に入り、軸足をつくってテイクバックをとる。そうすることで強いボールが打てるからだ。テイクバックが安定していないと、打点が定まらずミスの原因となるので注意。

コツ❷ ねじったテイクバックから 肩を前に出す

ボールの落下点に移動し、構えに入ったらテイクバックをコンパクトにラケットを振りあげる。このとき肩が前に出ていることが重要。肩が入らないテイクバックは手打ちとなってしまうからだ。体をねじったテイクバックから、鋭くラケットを振り出す。

コツ❸ 利き腕と逆の手を うまく使って打つ

バックハンドの両手打ちは、利き腕に力を入れすぎるとうまくいかないショットだ。配分は利き腕でない方に半分以上のウエイトをかける。またフォアハンドと同じくテイクバックでは、上半身をしっかりねじった形をつくることを意識したい。

+1《プラスワン》アドバイス 左手を上手に使って フィニッシュする

片手のバックハンドの場合、上手な選手は左手をうまく使う。ラケットは持たなくても、肩甲骨を寄せるような形で開くことが大切だ。そのようなフィニッシュができると、肩が突っ込まなくなり体を閉じたままインパクトできるので、精度があがる。

POINT 12 開いた面で押し出す

CHECK POINT!

1. ラリーに緩急をつけ体勢を整える
2. テイクバックからやや打点を体の前にとる
3. バックハンドは胸を開いてボールを押し出す

ロビングなどで相手のタイミングを狂わす

ストロークにアクセントをつけるスライスショットは、ボールの下側を後ろから斜めにラケットを入れて、逆回転をかける。

フラット面で打ったボールと同じように、低い軌道で飛ぶが、相手コートでのバウンド後はさらに低くなり、ボールにストップがかかる。そのため相手はタイミングが狂ってしまう。

フォアハンドはもちろん、バックハンドで打つことができればストロークの幅が広がり、ときにはロビングとしても活用できる。

しかしスライスの逆回転をかけすぎるとボールが浮いてしまうので注意が必要。**ラケットにはなるべくフラットに当てて、開いた面で押し出すイメージで打つ。**大振りするようなショットではないので、面の安定感が重要となる。

動画をチェック

コツ❶ ラリーに緩急をつけ体勢を整える

強打の相手やネットプレーに対して、有効なショットなので、自由に使いこなせれば、ラリーに緩急をつけたり、長い滞空時間中に自分の体勢を整えることもできる。やや高めのテイクバックからボールをすくいあげるように打つ。

コツ❷ テイクバックからやや打点を体の前にとる

上半身をひねって高めにテイクバック。ラケットを後ろに振りかぶり、上から斜め前方向にスイングしていく。前方向に体重移動するときはヒザを曲げることが大切。ボールの下にラケットを入れて、体の前に打点をおきインパクトする。

コツ❸ バックハンドは胸を開いてボールをコースへ押し出す

バックハンドは手打ちとならず、重心移動を意識してボールに体重を乗せていくことが大切。ボールはラケットの面にしっかりとインパクトし、狙ったコースに対してラケットのヘッドを下から入れる。このとき胸をしっかり開き、フォロースルーではボールの飛ぶ方向にヘッドを押し出す。

+1《プラスワン》アドバイス ヒザ下のボールをスライスで打つ

スライスショットを使うのは、おもにヒザより下で打たなければいけないボール。トップスピンで返せない打点が使いどころだ。そこからネット上をふわっと浮かせて通すために、おもに守備で使われるコントロールショットともいえる。

POINT 13

ラケット面の上半分を使う

CHECK POINT!

❶ ストロークの構えから落とす位置を見定める
❷ ラケット面の上半分に当て、重心移動と体のひねりを使う
❸ ショットを選択したら相手の動きは見ない

相手にドロップショットを悟られず打つ

動画をチェック

ドロップショットとはスライス回転の短いショット。逆回転を多少なりともかけ、ネットから近ければ近いほど相手がとりづらい。

ポイントはいかにドロップショットを打ちそうにないフォームから打つか。意表をつくショットなので、一歩間違えばチャンスボールになってしまう。**できるだけ通常のストロークと同じように構えて、ボールの落下点に入ったところでラケット面の上半分でをボールをインパクトし、強いスライス回転をかける。**

インパクトの前はラケットを軽く握り、打つ瞬間に強く握ると、ボールにうまく逆回転がかかる。狙うコースを定め、相手の動きにとらわれることなく、しっかりボールをインパクトすることが成功のコツだ。

コツ① ストロークの構えから落とす位置を見定める

ドロップショットを悟られないために、通常のストロークと同じように構える。軽くヒザをまげて後ろ足に重心をおき、左肩を回して上半身のタメをつくる。このとき落とす位置をしっかり見定める。

コツ② ラケット面の上半分に当て重心移動と体のひねりを使う

ボールの落下点にすばやく入る。ショットの体勢に入ったら、ラケット面の上半分でインパクトし、ヒザを曲げて打球の勢いを減らす。重心移動と体のひねりを使うことでボールに強いスライス回転をかける。

コツ③ ショットを選択したら相手の動きは見ない

ドロップショットは決まれば、相手にとって精神的にも肉体的にもダメージのあるショット。しかしショットを選択し、打つと決めたら、相手の動きや反応を見て迷っていてはミスショットになってしまう。しっかり重心を落として、ボールをよく見てショットしよう。

+1《プラスワン》アドバイス 相手との駆け引きに優位に立つ

ドロップショットで相手の意表をつき、ネット際まで走らせるこのショットが使えれば、相手に警戒心をうえつけ、以降の試合で相手にプレッシャーをかけられる。逆にドロップショットが読まれてしまい、相手に追いつかれてしまうとピンチになる。繰り出すフォームが重要となる。

POINT 14

片足でジャンプし同足で着地する

CHECK POINT!
❶ 片足でジャンプしたら同様の足で着地する
❷ コンパクトなスイングで振り切る

躍動感のあるショットでポイントを獲る

錦織圭プロの得意ショットである「エアー・ケイ」は、前足で飛びあがって空中でボールを打つストロークショット。高い打点でボールをとらえることができるので、相手に守備の時間を与えず、確実にチャンスボールをものにできる。

ジャンプは、ボールのバウンドが頂点に達したタイミングが理想。**ジャンプする前は、重心を前足に置き、後ろ足のヒザを前に出す。上半身は横に向けたままテイクバックし、片足でジャンプしたら同様の足で着地する。**

インパクトする瞬間は、後ろ足を打球方向とは反対に伸ばし、上半身は前向きの姿勢をとり、コンパクトなスイングで振り切る。

フォアハンドとバックハンド両方打てることが理想だが、確実にポイントを決められる場面で使うショットだけにミスは許されない。

動画をチェック

PART 3
試合に勝つための サーブ＆レシーブ

POINT 15

相手を上まわりゲームを制する

CHECK POINT!

❶ 打ち込みでサービスの成功率をあげる
❷ ラリーを想定したサービスを打つ
❸ 速いサービスはセンター深くにリターン

コントロールを身につけて自分に合ったサービスを選ぶ

サービスはテニスで唯一自分のリズムで行えるプレーであるため、試合ではサービス権を持っている選手が有利とされる。しかし相手コートに入れられなければ相手にポイントを与えてしまうし、かといって確実性の高いゆるいボールばかり打っていてはサービスを生かせないので、まずは狙った場所に正確に打ち込む技術が必要とされる。身につけるためには、とにかくたくさん打つ練習が有効。**1本良いサービスが打てたとしても、後に続かなくては意味がない。高確率でイメージ通りのコースにコントロールできるように、打ち続けて感触をつかむ。**打ち込みの練習は体への負担が大きいが、体全体で機能的に動作することができれば負荷が分散するためケガのリスクを減らすことができる。フォームが崩れないように意識して行うことが重要だ。

精度を高めることができたら、次はラリーを意識したサービスを練習する。日本人は肩が弱く身長も低いため、サービスに角度をつけづらい。そのため、サービスがウィークポイントと一般的に言われるが、これはエースを狙う速いサービスの場合であり、**自分の得意なプレーに持ちこめる精度の高いサービスが打てれば、エースをとれなくてもラリーでポイントを奪える。**レベルがあがってきたら自分のプレースタイルと相談して、最も有効なサービスを探して集中的に練習しよう。

サービスの性質を見て効果的なリターンを打つ

リターンの中には、ブロックリターンやスピンリターンなどの種類がある。速いリターンに対しては、ラケットを振らずに当てるブロックリターンで対応する。スピードがあるボールは威力も高いので、ラケットをスイングさせなくても当てるるだけで返すことができる。ゆるいボールに対してはベースラインより後方にポジションをとって、前に出ながら打つスピンリターンのハードヒットが有効。ダッシュとスイングの力で、威力のあるリターンが可能となる。

効果的なリターンのためには、タイミングが重要。サービスは身長によるボールの出所の高低で軌道の角度が異なるため、サーバーによってタイミングに差がある。これをすばやく対応して合わせる技術が要求される。

２００ｋｍ／ｈの速いサービスを打つような選手と当たった場合には、ブロックリターンに専念する判断力も必要。また、**きわめて速いサービスからリターンエースをとるのは難しいので、狙わずにフワリとしたボールをセンターの深くに返す。**深い位置ならばネット際に攻め込まれることはないし、威力のないリターンはスピードもつけずらい。サービスの勢いを消してイーブンに持ち込めれば、自分のリズムをキープしてラリーすることができるのだ。また、このようにリターンすることで相手は速いサービスを打つ意味がなくなるため、次からは正確性の高いサービスを打ってくる。そのボールを狙ってハードヒットするという戦術を立てることができるので、挑戦してみよう。

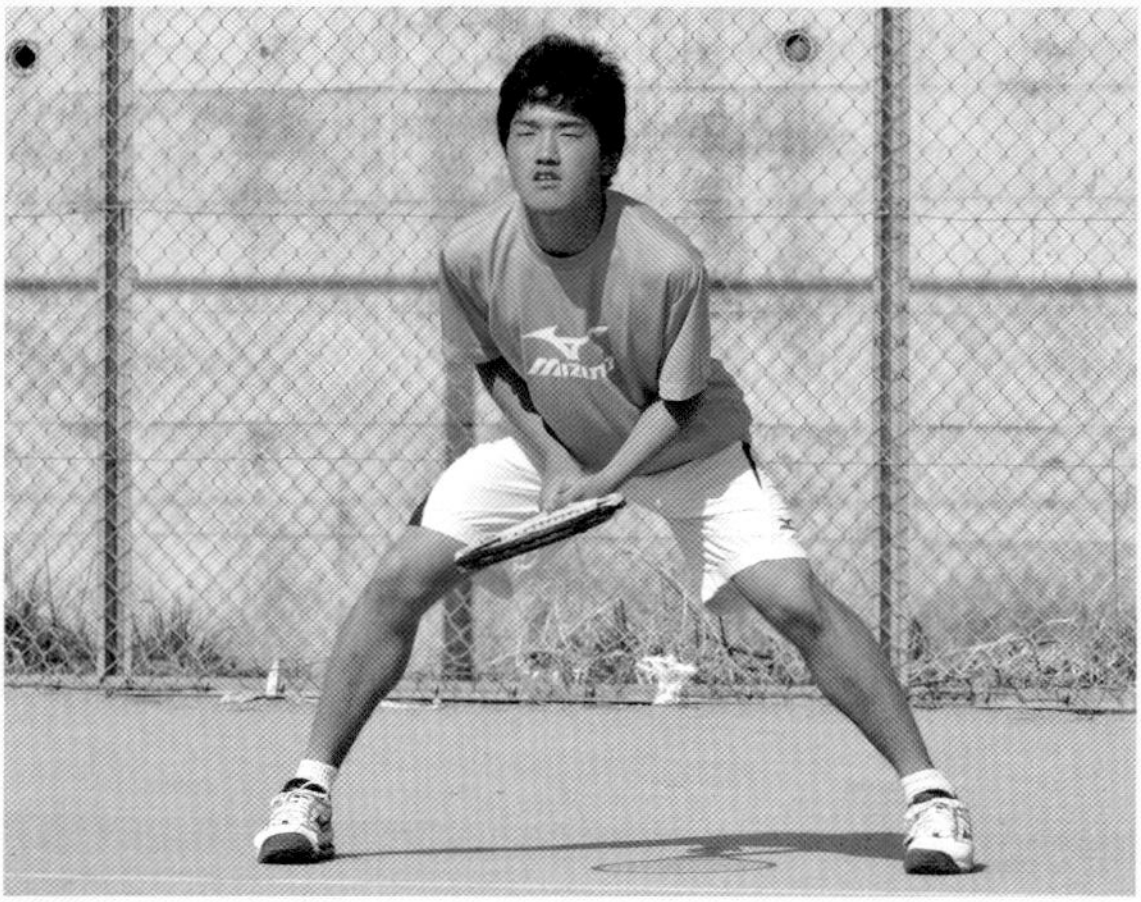

POINT 16

後ろ足を蹴って勢いをつける

CHECK POINT!

❶ トスを高くあげて腰をねじる
❷ インパクトの瞬間にウエイトを乗せる
❸ 後ろ足の蹴りあげでサーブに勢いをつける

腰をねじって スイングにタメをつくる

ラケット面の中央でボールをインパクトするため、ボールの回転量は少なく、軌道の変化はほとんどないが、スピードが最も速いのがフラットサービスである。腰を回転さてスイングのタメをつくり、ねじりの力を開放するのでパワフルなスピードボールを打つことができる。

しかし、スピードとパワーを意識し過ぎると精度をかいて、フォルトやネットになりやすい。**正確なトスをあげ、体重移動を意識しながら狙っているコースに体とラケットの向きを合わせて思い切りスイングする。このとき後ろ足をしっかり蹴りあげることで、前への勢いが増し、よりサービスの威力がアップする。**

サービス自体の確率が高くなれば、相手にとってはこれほど嫌なことはない。

動画をチェック

コツ❶ トスを高くあげて腰をねじる

リラックスした構えから、肩を支点にして高くトスをあげる。このとき左腕をしっかりと伸ばし、腰にねじりを加えながら右腕を大きく振りかぶる。後ろから前へ重心移動しつつ、両ヒザをやわらかく使いバネのように後ろ足を跳ねあげる。

コツ❷ インパクトの瞬間にウエイトを乗せる

トスしたボールから目を離さずに、上半身のねじりを生かして、ラケットをスイング。右腕を伸ばしきった頂点で、ボールをインパクトする。ラケット面の当たる位置は、中央が理想。そこに自分のウエイトがしっかり乗るようにしてスイングする。

コツ❸ 後ろ足の蹴りあげでサーブに勢いをつける

体の軸を意識してつつ、顔がなるべく動かないようにラケットを振りぬく。インパクト後はフォロースルーをしっかりとりながら、ヘッドスピードを加速させよう。打ち終わったら、後ろ足を蹴りあげて、その勢いのままベースラインの内側に着地する。

+1《プラスワン》アドバイス 腰のねじりと後ろ足の蹴りでサービスに勢いをつける

サービスのフィニッシュにおいて、後ろ足でしっかり地面を蹴れていないと、勢いが半減してしまう。これはその前の段階で、腰がねじりによるタメが不足していることが多い。そのためスイングが手打ちとなってしまいスピードや回転もない中途半端なサービスとなってしまう。

POINT 17

トスは右斜めにあげて振りおろす

CHECK POINT！
❶ トスを右斜め上にあげ振りかぶる
❷ ボールの外側をインパクトする
❸ 最後まで振り抜いてフォロースルーをとる

斜め回転をかけて コントロール重視で攻める

スライスサービスは、フラットサービスに比べてスピードは落ちるが、コントロール重視で相手の弱点や打ちにくいコースを狙うことができる。

スライスサービスはエースを狙うサービスではないが、サービス構成上の土台となり、軌道の変化で相手レシーバーのミスを誘うことができる。セカンドサービスとして使ったり、ファーストでも強い回転で際どいコースに打ち込めば、相手のリターンをボレーで決めたり、その後のラリーを優位に進められる。

スイングの基本は、フラットサービスと同じだが、**インパクトする場所がラケットの右上外側となる。ここから審判台の方向に振り下ろしてスライス回転をかけていく**のがポイントだ。

動画をチェック

コツ① トスを右斜め上にあげ振りかぶる

インパクトはラケット面の外側になる。トスはやや右斜め上にあげ、体の軸がブレないように、ヒザに重心を乗せて体のバランスをキープする。左手はトスをあげたところでしっかり伸ばし、右手はラケットを振り下げながら大きく振りかぶる。

コツ② ボールの外側をインパクトする

トスをあげたら、ヒザを伸ばしてラケットを振りあげ、ボールを高い位置でインパクトする。フラットサービスとは手の平の角度が違うのみ。ボールの外側を削ることでバウンド後にボールが横方向に動く。

コツ③ 最後まで振り抜いてフォロースルーをとる

インパクト後は、左下へ振りおろすようにフォロースルーをしっかりとることで、より強いスライス回転が掛かる。体が開いたり、手打ちとなってしまうと、ラケット面がぶれてしまう。ボールを打つ位置やラケットの角度を練習から意識しよう。

+1《プラスワン》アドバイス スライスサービスを上手に打ち分ける

スライスサービスは、きわどいコースを狙うファーストはもちろん、コントロール重視のセカンドサービスとしても活用できる。当然スピードと回転にはメリハリをつけ、相手の惑わすことが必要だ。日頃からサービスの打ち分けを練習しよう。

POINT 18

サービスに落差をつけ弾ませる

CHECK POINT!
❶ スピンサービスから次の動きを考える
❷ 左斜め上にトスし上半身を反らす
❸ インパクトは頭上に、後ろ足で地面を蹴る

体を反らして こすりあげるように打つ

インパクト後からの落差が大きく、バウンド後に大きく弾むスピンサービス。スピードは決して出ないが、コントロールしやすいサービスなのでセカンドとして使う選手が多いのが特徴だ。

ラケットを左下から右上へスイングすることで、ボールに前進回転をかける。ボールは山なりの軌道で飛び、相手コートで大きく落ちる。サービスエースを獲るのは難しいが、バウンド後に大きく跳ねるので、相手レシーバーにとっては意表をつかれる厄介なサービスとなる。

インパクトではラケット面の横側を使ってボールをこすらせて、強い回転をかける。

フラットサービスやスライスサービスのように体とラケットを一直線にして打たず、弧を描くようにラケットをスイングするため、体を大きく反らせる必要がある。

動画をチェック

コツ① スピンサービスから次の動きを考える

スピンサービスの軌道は、バウンド後に大きく弾むため、相手レシーバーは力の入りにくい打点でヒットしなければならない。このタイミングでサーバーは、リターンの体勢を整えたり、前にダッシュする。もしレシーブが浮いてくれば前でボレーを決めることができる。

コツ② 左斜め上にトスし上半身を反らす

やや左斜め上にトスをあげ、両ヒザを曲げてタメをつくる。頭の左側でボールをインパクトするために、上半身を反らせることがポイント。トスをあげた左腕は伸ばしたまま、右手でラケットを大きく振りかぶることで、より強いスピンがかけられる。

コツ③ インパクトは頭上に後ろ足で地面を蹴る

上半身を反らしてテイクバックし、ヒザを伸ばしながら、後ろ足で地面を蹴る。左手は腹側に引き、ラケット面の下部分、外側を意識しながら、ラケットを下から上へこすりあげる。インパクトは必ず頭上で行い、顔はしっかり残すことが大切だ。

+1《プラスワン》 アドバイス 体から離れるようにラケットを振り切る

トスをあげたら体からラケットを離すように、右方向に弧を描くように振り切る。フォロースルーではラケットを左側へ収める。フォロースルー後の着地には、前傾姿勢となっていることが理想的だ。常に体の軸を意識して、バランスを保てるようにスイングすることを心がける。

POINT 19

軸足の上に頭を乗せる

CHECK POINT！
❶ 相手サービスに反応できる姿勢をつくる
❷ インパクトに合わせスプリットステップを踏む
❸ テイクバックを小さくコンパクトに振る

テイクバックを小さくして打つ

リターンの技術はゲームを獲るうえで、大切な要素といえる。相手サーバーはサービスの球種やコースを変え、時速200km/h近いボールを打ってくる。瞬時の判断とそのサービスにあったテクニックを選択し、相手コートに返す必要があるのだ。

まずは基本のリターンをマスターしよう。とはいえ使う技術はベースラインのストロークとほぼ変わらない。**ただ相手のサービスのスピードに遅れないように、正しく構えテイクバックを小さめにすることが大切。そうすることで、あらゆる球種やコースのサービスに対応できる。**

また軸足の上に頭がくるようにすることで、前のめりになったり、後傾になったりせず勢いのあるリターンが打てる。

動画をチェック

コツ❶ 相手サービスに反応できる姿勢をつくる

リターンの姿勢は、骨盤を前傾にした形が理想。肩の力を抜き、ヒザを曲げてツマ先が立った状態で待つボールを待つ。相手のサーバーがボールをインパクトした瞬間は、この体勢で構えて、ボールを注視することで反応しやすくなる。

コツ❷ インパクトに合わせスプリットステップを踏む

相手サーバーがインパクトする瞬間、リターンの構えから、その場で小さく「ポン」とジャンプする。これをスプリットステップといい、その直後にどのような方向にでも動き出せる準備動作とする。タイミングを合わせてトライしてみよう。

コツ❸ テイクバックを小さくコンパクトに振る

速いサービスに対し、テイクバックを大きくとると、振り遅れやミスの原因となる。テイクバックは小さくとり、どんな球にも対応できるよう準備する。スイングも大振りすることなく、軸足の上に頭があることを意識してスイングしよう。

+1《プラスワン》アドバイス 待球姿勢をとってボールを待つ

リターンでの待球姿勢は、あらゆるストロークの状況において基本の構えとなる。この姿勢が悪いと、第一歩目が遅れてしまったり、速いサービスに対してラケットを正しく出せなくなる。日頃の練習から「姿勢」を意識することで正しいフォームを体に身につけよう。

POINT 20

ボールの弾んだ直後に打つ

CHECK POINT!
❶ 小さいテイクバックから相手の足元にリターンする
❷ 相手サービスを読んですばやく反応する
❸ 体の前に打点をとり弾んだ直後を打つ

重心移動のみで
ラケット面をあわせる

相手サービスをいかにブレイクしてポイントを獲るかが勝利の鍵を握る。特に相手のサービスが強く、スピードがある場合は、大きくスイングせず、短いテイクバックでコンパクトに返すブロックリターンが効果的なレシーブ。

打ち返すというより、ラケット面で壁をつくり、跳ね返すブロックレシーブなので、習得すればリターンミスを減らすこともできる。

ブロックリターンでは、低い姿勢をとり、広いスタンスでラケットをやや立てることが大切。**ラケットを大振りするのではなく、重心移動のみでラケットの面にボールを当て、ボールが弾んだ直後に打つ。**ボールが当たった瞬間は、ラケットが弾かれないように、強くグリップを握ることが大切だ。

動画をチェック

コツ❶ 小さいテイクバックから相手の足元にリターンする

相手の速いサービスに対して、当てるだけのイメージでレシーブするのがブロックリターンの基本。構え遅れや体をめがけてくるサービスに対して、小さいテイクバックで対応する。サーバーの足元にしっかり返球できるよう、ラケット面をコースに向けていくことが大切だ。

コツ❷ 相手サービスを読んですばやく反応する

ヒザを曲げ低姿勢になり、やや広いスタンスをとる。相手サーバーの球種やコースをある程度読んで、トスをあげてサーブを打つまでに、自分の体を後から前へ重心移動する。サービスのインパクト時に、その場でジャンプし、すばやくボールに反応する。

コツ❸ 体の前に打点をとり弾んだ直後を打つ

上体はやや前傾の姿勢をキープしたまま、ヒザで踏ん張りながら、ボールにラケット面をあわせていく。打点は必ず体の前にとり、ボールの弾んだ直後をヒットする。このときサーブの威力に負けないように、インパクトの瞬間は強くグリップを握る。

+1《プラスワン》 アドバイス バックのフォロースルーは軽くヘッドはあげる

バックハンドでブロックリターンも行う場合も、低い姿勢と短いテイクバックが基本。できるだけ体重は移動をスムーズにし、ボールにウエイトを乗せることが大切だ。フォロースルーは短く、打ち終わるまではヒザを曲げたまま、最後に軽くヘッドをあげる。

POINT 21

重心移動を使って強打する

CHECK POINT!

1. テイクバックをとり高い打点で叩く
2. チャンスボールを確実に叩いて決める
3. ボールを引きつけて打つコースを読まれない

高い打点から勢いのある返球をする

スピンリターンは高い打点から打ち込んでいく攻撃的なショット。相手のストロークやサービスが浮いたチャンスボールを強いショットで返すことでラリーを優位に進めることができる。

勢いのないセカンドサービスを強打したり、勝負どころで強いリターンを返したいときに効果的だ。

このショットを打つときは、ボールを迎えにいき、引きつけたところから、しっかり踏み込んでいくことがポイント。したがってレシーブする位置は、普通よりもやや後ろ気味になる。

そこから重心移動を使ってウェイトを乗せて叩くことで、ボールに勢いがつき相手コートでスピンの効いたボールが弾む。

動画をチェック

コツ❶ テイクバックをとり高い打点で叩く

ボールの落下点に移動し、構えに入ったらしっかりテイクバックをとってラケットを振る。打点が高いからといって、アゴがあがってしまうのはNG。ボールを注視しながらできるだけ高い位置でボールをインパクトすることを心がけよう。

コツ❷ チャンスボールを確実に叩いて決める

スピンリターンは基本的にセカンドサービスなど弱いボールに対して使うショットなので、相手コートに決めて確実にポイントを獲ることが理想だ。狙うコースやボールの深さなど、精度をあげることでポイントを獲る確率が高くなる。

コツ❸ ボールを引きつけて打ちコースを読まれない

高い打点でボールを処理するときもフットワークを使って足を動かすこと。決して手打ちになってはいけない。すばやくボールの落下点に入って軸足をつくり、できるだけ懐にボールを呼び込んでから打つとことで、相手にコースを読まれない。

+1《プラスワン》アドバイス ボールの上側を叩き強烈なスピンをかける

高い打点からのショットは、ラケットを上から振りおろし、ボールの上側をインパクトすることで前進回転をかけていく。そのため相手コートには強烈なスピンのかかった速く、弾むボールが飛んでいき、打ち返すことが難しいショットとなる。

コラム シューズの選び方

テニスシューズはプレーするコートによってシューズを替える。土でつくられるクレーコートや人工芝は砂がひいてあるので滑りやすいため、グリップのきくシューズをはく。ハードコートはコンクリートやアスファルトでつくられるので、靴底のソールが厚いハードコート用シューズをはいて衝撃を吸収する。ハードコートでソールの薄いクレーコート用シューズをはくと、ヒザや足首を痛めてしまうので、注意が必要だ。

ソールの厚みがクレーコート用とハードコート用の中間のものが、オールラウンド（オールコート）用シューズ。人工芝のコートではくと良い。カーペットコートに適したシューズもあるが、他のコートで使えない。

また、自分の足の幅に合わせたシューズをはくことも実力を発揮するためには重要。前後左右に動きが大きく、ダッシュのあるテニスでは、シューズのフィット感でプレーの精度が変化するので、合ったものを履くことがベスト。プレーするほどソールが削れるので、練習用と試合用に分けるなど工夫する必要もある。

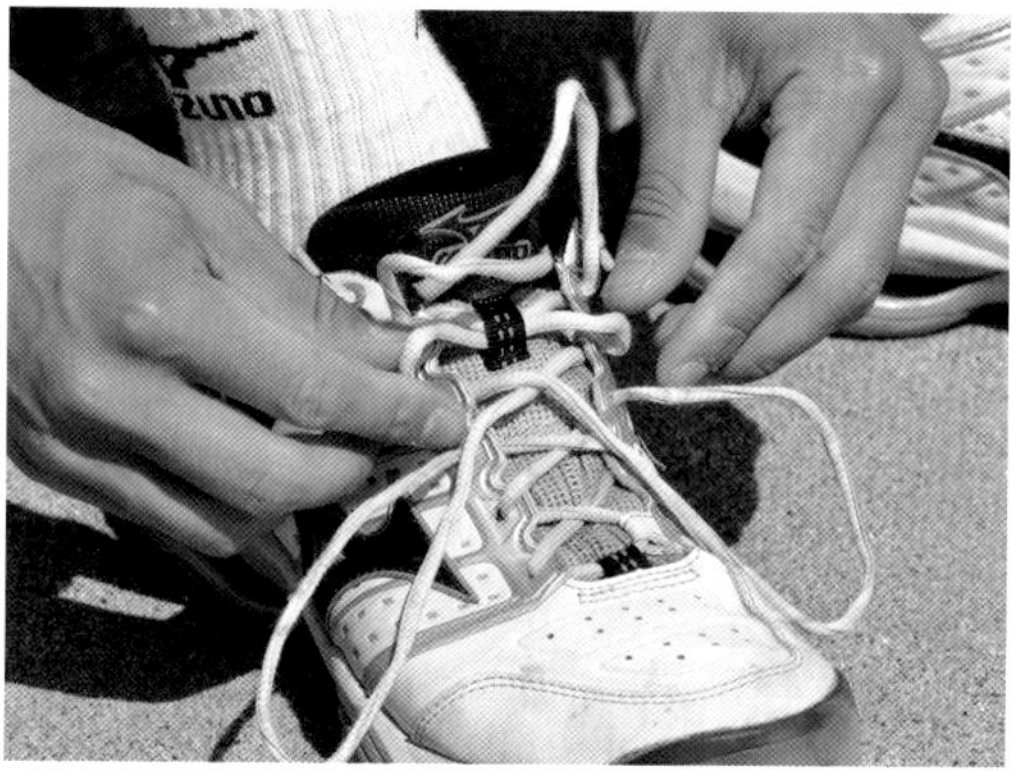

PART 4
ポイントを獲るためのテクニック

POINT 22

3つのプレースタイルから選択する

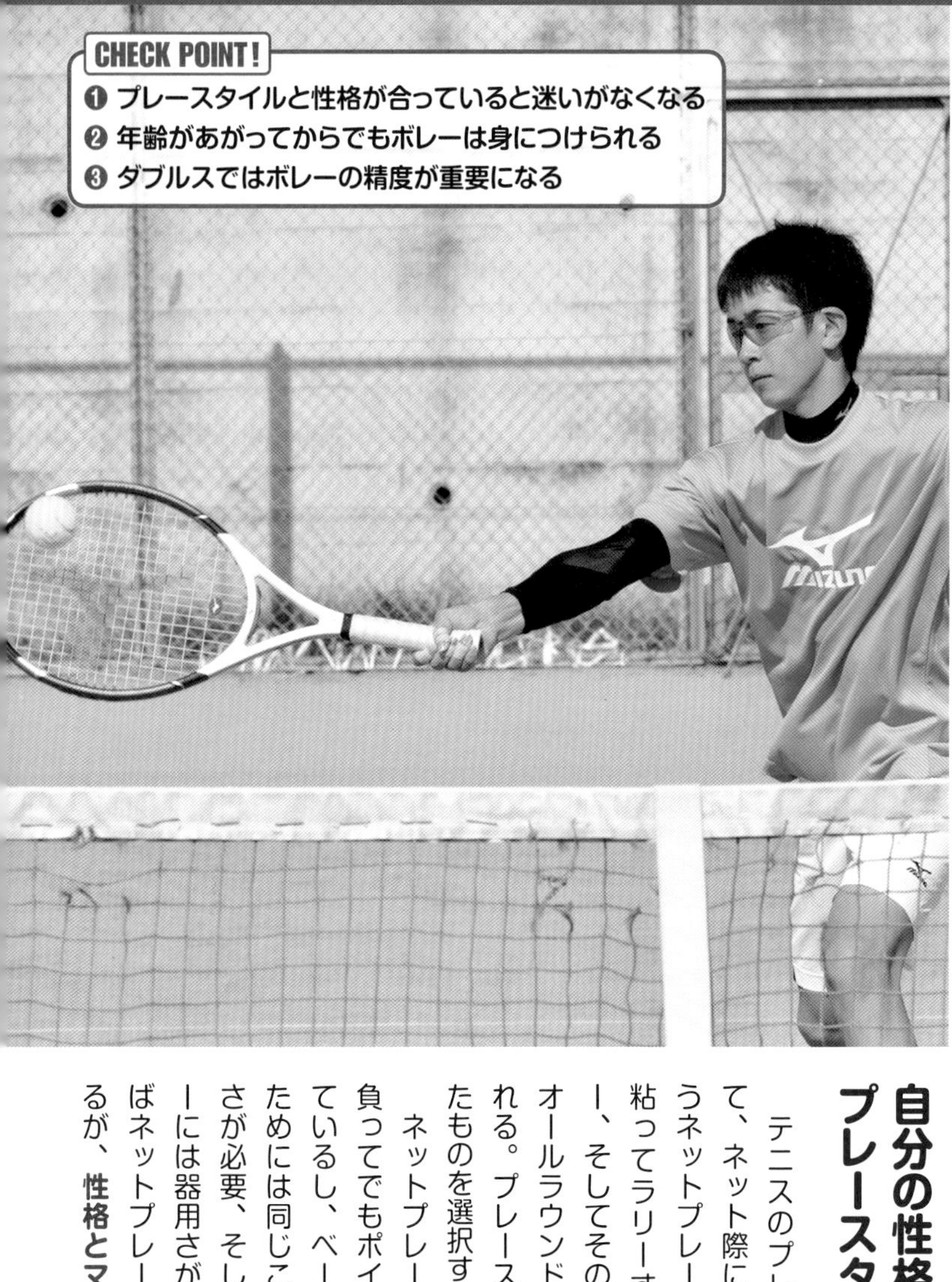

CHECK POINT!

❶ プレースタイルと性格が合っていると迷いがなくなる
❷ 年齢があがってからでもボレーは身につけられる
❸ ダブルスではボレーの精度が重要になる

自分の性格に合ったプレースタイルを選ぶ

テニスのプレースタイルは大きく分けて、ネット際に出てボレーでポイントを狙うネットプレーヤー、ベースライン付近で粘ってラリーするベースラインプレーヤー、そしてその両方をこなすことができるオールラウンドプレーヤーの3つに分けられる。プレースタイルは自分の性格に合ったものを選択する。

ネットプレーヤーは攻撃的な、リスクを負ってでもポイントをとりたい選手が向いているし、ベースラインプレーヤーになるためには同じことを反復して行える根気強さが必要、そしてオールラウンドプレーヤーには器用さが必要不可欠。身長が高ければネットプレーに有利などの選択方法もあるが、**性格とマッチしていた方が迷いなく**

ボレーの基本は手首をロックして、体より後ろでボールをインパクトする。

プレーできるため、結果が出やすい。しかしこれは自分の頭で考えてわかることではないので、試合や練習を繰り返して、自分に合ったプレースタイルを探し出すしかない。

ボレーを身につけて シングルスと ダブルス両方で活用する

ベースラインプレーヤーを選択したとしても、勝負所で前に出ることがあるのでボレーの技術はしっかりと身につけておく必要がある。

また、年齢があがってからテニスを始めた選手は、幼い頃の練習が有効なストロークに比べ、後からでも技術を高めていけるボレーの練習に取り組んで武器にしよう。**感覚よりも頭でプレーを理解して、より戦略的にテニスをする必要があるので、ボレーを生かす戦術を使って勝利する。**

ボレーにはフォアとバック、ランニングボレー、ドロップボレーなど複数のテクニックがあるが、ネット際ではすばやく対応する必要があるので全てマスターしなくてはいけない。苦手を作ると、試合中に相手にそこをつかれたり、ポイントを奪われてしまうのだ。

またボレーにはスピンでボールの軌道を左右に曲げるテクニックもあるので、フォームがしっかりと身につけたら挑戦してみよう。

シングルスでは相手のいない場所に打てばボレーは決まるが、ダブルスでは甘いボレーになると前衛を避けても後衛に拾われてしまうので、**コントロールとバリエーションを増やして確実にポイントを奪えるようにしておこう。**

CHECK POINT!
❶ ラケット面の上半分に当てるイメージを持つ
❷ 手首を固定して体の前でインパクト
❸ フォロースルーまで目を離さない

POINT 23

手首を固定してインパクトする

ラケットの上半分に当てて押し出す

ボールをバウンドさせずに打ち返すボレーは、ネット付近で打つことが多い攻撃的なショットだ。相手のストロークを早いタイミングでボレーすることができれば、高い確率でポイントを獲ることができる。

ラケットと手首は固定したまま、ワキをしめて、ボールがインパクトする瞬間までしっかり見ることが大切。ラケットの上半分に当てて押し出すようなイメージを持つ。

フォーム自体は、ストロークのフォアハンドと似ていて体が開きやすい。開いた状態でボレーを打つと、ラケットを目一杯動かさないとボールがコートに入らなくなるのだ。うまくボレーするには、体がやや斜めになっている状態でボールをどれだけ打てるかがポイントだ。

動画をチェック

コツ❶ ラケット面の上半分に当てるイメージを持つ

　ボレーにおいては小さいテイクバックで体を横に向けるのみ。ラケットを振り切る必要もない。むしろ大振りはミスの原因となる。浮いたチャンスボールでもミートを心がけ、ラケット面の上半分にボールを当てにいくイメージで打つ。

コツ❷ 手首を固定して体の前でインパクト

　軸足に乗っていた重心を逆の足へ移動しながら、ひねった上半身のワキをしめることでラケットを前方へと持っていく。体全体の力をボールに込めて、打点は必ず体の前に持っていく。このとき手首で操作したりせず、固定したままインパクトすることが大切だ。

コツ❸ フォロースルーまで目を離さない

　インパクトする瞬間はもちろん、インパクト後もボールから目は離さない。打ち終えたらラケットと体をボレーした方向に流すようにフォロースルーをとる。ラケットは振り切らずに、もう一方の腕でラケットを支える。両腕でVの字をつくるイメージを持つ。

+1《プラスワン》アドバイス 上半身をひねりスイングを連動させる

ボレーがうまく打てない人は、手打ちのフォームとなってしまいラケット面がブレしまうケースが多い。また体が開いてしまい、利き腕の肩が反対側の肩より前にきてしまうとミスの原因となる。上半身のひねりとラケットを持つ腕の振りを連動させることを心がけよう。

CHECK POINT!

1. 体重を後ろにかけてボールを待ち受ける
2. 肩から当てに行って体の前でインパクト
3. インパクトはラケットの上半分に当てる

POINT 24

肩を入れてテイクバックする

バックボレーを得意にして得点パターンを増やす

苦手意識からかフォアボレーよりも難易度が高いと思われがちだが、コツさえつかめばバックボレーは簡単に打てるようになる。

ポイントは肩からボールに当てに行くイメージで、フォアハンドと同じように前に重心移動させていく。体の前でインパクトすることが重要なので、テイクバックで肩を入れていくタイミングを見極めること。

バックボレーの技術がレベルアップすれば、ネットプレーの幅が大きく広がり、左右のボールに対して反応できるようになる。

バックでボレーを打つ場合に、片手で打つか両手で打つかで悩む人がいるが、自分の打てるコースを確実に決める技術さえあれば十分。

ストロークと同様に自分に合った打ち方を選ぶといいだろう。

動画をチェック

コツ① 体重を後ろにかけて ボールを待ち受ける

両手でラケットを持ち、体全体を横に向けてボールを待ち構える。このとき、重心は後方にかけておく。両手でラケットを握るが、主に力をかけるのは右手にし、ヒジを曲げておく。左手はヒジを軽く曲げて添える。ボールをよく見て、ラケットの高さを調節する。

コツ② 肩から当てに行って 体の前でインパクトする

肩から当てに行くように、足を踏み込んで体重を前方へと移動させる。ラケットを斜め上から下へとおろすようなイメージで振る。打点は体の前に。振り遅れて打点を間違えるとボレーミスとなってしまうので、しっかりとボールを見極めてインパクトする。

コツ③ インパクトは ラケットの上半分に当てる

インパクトはラケット面の上半分に当てていくイメージを持つ。インパクトしたら自然に左手をラケットから離す。このとき手首が寝たり、腕が伸び切ったりしないように手首を固定することが大切だ。

+1《プラスワン》アドバイス バックハンドのスライスとの共通点を意識する

バックハンドでテイクバックの肩を入れる動作は、意識していくうちにできてくる。しかし、いくら肩を入れてもラケットヘッドが落ちてしまうと、うまくヒットできない。この形はストロークのスライスと共通点が多いので、バックボレーが苦手な人はバックハンドのスライスを意識しよう。

POINT 25

軸足にタメをつくり打つ

CHECK POINT!

1. テイクバックの直後に動き出す
2. コースに逆らわないボレーを心がける
3. 動き出しは斜め前に出る

返球コースを読んでボレーを決める

ネット付近に走り込みダイレクトで返球をボレーすれば、相手の対応が遅れるためポイントを奪いやすい。このようにランニングしながら決めるテクニックを「ランニングボレー」または「ポーチ」という。

このテクニックで重要となるのがポーチに出るタイミング。サービスやレシーブ後のダッシュ、またはストロークで優位に立ったタイミングなどに動き出す。ボレーするときは軸足にタメをつくり、しっかり踏み込んで打つ。そうすることで正しい打点でボールをヒットできる。

また、うまくボレーを打てたとしても相手に拾われる可能性はあるので、すばやく守備的なポジションをとることも大事。相手ストロークに至近距離で向かっていくので、思い切ったプレーが必要だ。

動画をチェック

コツ❶ テイクバックの直後に動き出す

ランニングボレーで最重要となるポーチに出るタイミングは、相手のテイクバックが終わった瞬間だ。ラケットにインパクトするまでの時間に動き出し、センターへ向かう。相手に読まれると逆にピンチとなるので、体を正面に向けたまま動き出そう。

コツ❷ コースに逆らわないボレーを心がける

ランニングボレーで狙うコースは特定できないが、相手のいないところに打つことが鉄則だ。無理ならコースに逆らわない。ダブルス戦の場合は、ボールに角度をつけなくていいので成功率が高く、相手ペアが重なるミドルコースも狙い目となる。

コツ❸ 動き出しは斜め前に出る

ランニングボレーは真横に出ると、移動距離が長くなる。斜め前に動くことが大切だ。ボレーしても相手に拾われることがある。ポジションが曖昧だと、相手は足元にリターンを沈めてくる。これは難しい対応が求められる高度なボレーが必要となる。

+1《プラスワン》アドバイス チャンスの場面で冷静に決める

ランニングボレーやポーチは、おもに前に出ている選手が使うテクニック。ポイントの大半を占める技術。それだけにミスがあってはいけないし、動き出しのタイミングはもちろん、チャンスを確実に決める決定力が必要だ。チャンスボールがきても浮き足立つことなく、空いているコースを狙う。

POINT 26

ラケット面の角度を変えない

CHECK POINT!

1. つなぎのローボレーでうまく守る
2. ヒザを曲げて上体はキープする
3. 両足の間でインパクトする

ラケット面を調整して相手のアタックをしのぐ

通常のボレーと異なり角度をつけることができないローボレーで、ポイントを奪うことは難しい。しかしながら、効果的に使うことができれば攻勢に転じられる。

腰よりも低い位置で打つローボレーは、ストロークで低いヒザ下のボールをスライスで打つフォームに近い。一番重要なのは、面の向き。普段よりも面を開き、ネットより低いところから打つので調整が必要となる。ラケット面の角度が上すぎると、ロブのようなボールになり、下すぎるとネットになる。この感覚は、練習をしながらつかむしかない。

また腰を曲げてしまうと、頭が前に落ちてしまうので注意。**フォアハンドの場合は、左手でバランスをとりつつ、ラケット持つ腕の手首は固定していると面が安定する。**

動画をチェック

コツ① つなぎのローボレーでうまく守る

守るべきタイミングで相手に隙をみせず、しっかり返していくことがローボレーの基本。特にサービスやレシーブ後のダッシュ時は、ポーチで前に出るタイミングで相手は狙ってくる。前に出きれなかった場合は、ローボレーの必要性が出てくるのだ。

コツ② ヒザを曲げて上体はキープする

重心を後ろに置き、ヒザを深く曲げて腰を落とす。ラケットも同様に低い位置に構えてテイクバックする。向かってくるボールの下に滑り込ませるようなイメージを持つ。重心が後ろで体全体が沈んでいる状態になるが、このとき姿勢をまっすぐキープすることが大切。

コツ③ 両足の間でインパクトする

足を踏み込んで前方に重心移動し、軸がブレないように体全体でボールに向う。ラケットで、下からすくいあげるようにインパクトするイメージ。両足の間でインパクトするのが理想。インパクト後はネットに向かって前方にフォロースルーする。

+1《プラスワン》アドバイス 形をつくる程度に足を止めインパクト後に走り抜ける

相手が狙ってきた足元のボールをさばくローボレー。このボールに対して足を止めて打つことができれば、ミスは少なくなるが前に走ってきた勢いを止めてしまう。形をつくる程度に止まり、走り抜けるイメージがベター。ボレーするコースも無理に角度をつける必要はなく、センター中心の返球で良いだろう。

POINT 27

ラケット面の上半分で回転をかける

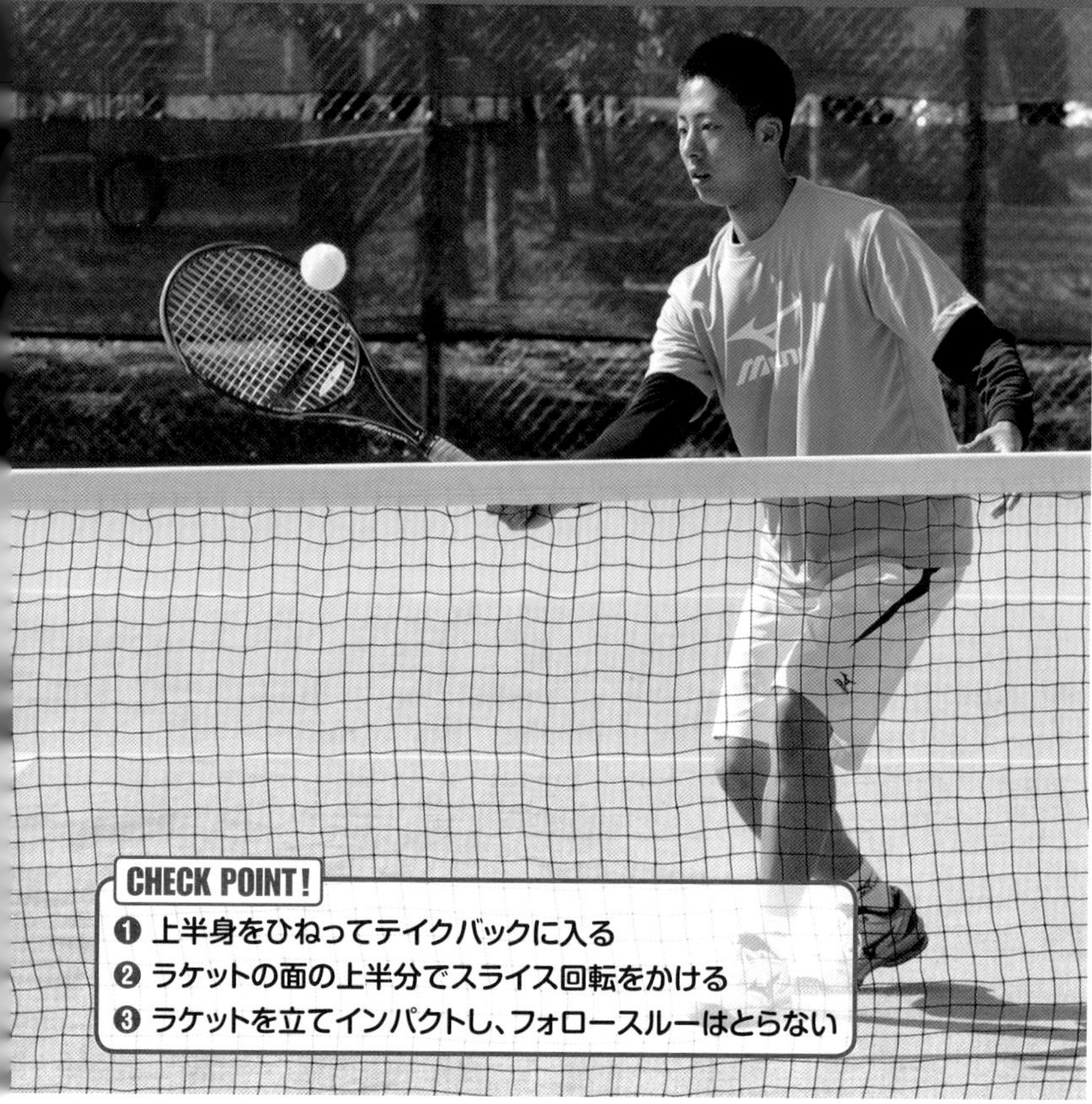

CHECK POINT !

1. 上半身をひねってテイクバックに入る
2. ラケットの面の上半分でスライス回転をかける
3. ラケットを立てインパクトし、フォロースルーはとらない

動画をチェック

繊細かつ難易度の高いボレーのテクニック

テニスで最も難しいテクニック。ドロップボレーの打ち方は、スライスの延長となる。**ラケット面がやや開いた状態で当たるとボールに逆回転がかかるので、まずこの角度をつかむことが大事。**

逆回転をかければかけるほど、相手はとりにくくなるが、これは上級テクニック。まずはボールのスピードを殺していかに高くあげずに、狙ったところに落とせるか重要となる。試合で勝利するためには、相手の虚をつくショットをマスターしておくことが必要だ。

ドロップボレーは返球の勢いを吸収し、相手コートのネット際に落とす意外性のあるショット。激しい打ち合いが行われるラリーの中で、タイミングを見極めて繰り出せばポイントを奪うことができる。

コツ❶ 上半身をひねって テイクバックに入る

通常のボレーと同じように、ボールがくる地点で軸足を踏み込み、上半身をひねってテイクバックする。コントロールの精度を保てるように、フォームを安定させて体全体を使って振りかぶる。ボールを見極めてラケットの高さを調節し、左腕は前に出して準備する。

コツ❷ ラケット面の上半分で スライス回転をかける

難しいドロップボレーを簡単に打てるのは、相手の山なりのボールを低い打点で、受け止めるように打つ方法。インパクトではラケット面の上半分でスライスの回転をかけていく。いかにネット際に落ちるかが鍵。

コツ❸ ラケットを立てインパクト フォロースルーはとらない

ラケットを立て下から入れるようにインパクト。ラケットの面で勢いを吸収できればできるほど、ショットの効果があがる。ボールがラケットに当たる瞬間までは力を込めてラケットを持ち、インパクトでゆるめる。フォロースルーはせずに、ラケットをストップさせる。

+1《プラスワン》アドバイス 相手のポジションを事前に確認しておく

ストロークのドロップショットと同じく、タイミングを見て意表をつく。相手のポジションを見ておかないといけない。ドロップボレーはポイントを獲るタイミングで使うテクニックだけに、確実に決められる技術が求められる。相手は裏をつかれたり、ネット際まで走らされるのでダメージは大きい。

POINT 28

ボール下にすばやく入り強打する

CHECK POINT!

1. ラケットを立てて構え、左腕で落下点を見極める
2. ダイナミックなフォームで相手コートに打ち込む
3. 腕をしならせて体の前で打つ

高い打点から叩きつけるように打つ

ラケットを振り下ろしてボールを叩きつけるスマッシュは、**すばやくボールの下に入り、高い打点で打つことがポイント。** 打点の低いスマッシュは難易度が高く、コートの中でインパクトし、相手コートのベースライン内側に入れなければならないため、角度が必要になる。

スマッシュはボールに勢いを出せるショットなので、あまりライン際を狙わない方がいい。それよりも強く打つことを考える。ワンバウンドして相手が獲れないところまで、飛んでいく打球が理想。仮に返されてもチャンスボールがくる可能性がある。

スマッシュはポイントを計算できる数少ないショットだ。ここぞという場面でミスがないようしっかり練習しておこう。

動画をチェック

コツ❶ ラケットを立てて構え 左腕で落下点を見極める

横向きになりラケットを立てて構え、ボールの落下点のやや後方にポジションをとる。左腕をあげてボールとの距離感を見極めることが大切。打つポイントを調整して決めたら、左足を前方に踏み込んで、ラケットを持つヒジをあげ、逆に左腕をやや下げる。

コツ❷ ダイナミックなフォームで 相手コートに打ち込む

スマッシュを打つポイントは、体の前に打点を置くこと。自分の真上で打ってはミスショットになってしまう。サービスを打つイメージを持って打つといいだろう。左手をあげてボールとの距離感を確認しておけば、空振りすることもない。

コツ❸ 腕をしならせて 体の前で打つ

サービスを打つイメージで後方に大きく振りかぶる。ボールから目を離さないようにして、スイングに入る。打点は体のやや前の高い打点を置き、ボールが落ちてきたら、ヒジ、手首をしならせてラケットを振る。インパクト後はその勢いのままフォロースルーをとる。

+1《プラスワン》アドバイス バックハンドでも勢いのある スマッシュを打つ

バックハンド側にきたボールは、大抵フォアハンドに回り込むか、強めのハイボレーで処理するパターンも多いが、バックハンドでスマッシュが打てるとさらにプレーの選択肢が広がる。テイクバックを高くし、前の打点でさばくことが大切。上に打つイメージで振り抜くと良いだろう。

POINT 29

タイミングを合わせてジャンプする

動画をチェック

CHECK POINT!
❶ タイミングをうまくとる
❷ ジャンプする際はヒザでタメをつくる

ジャンプを使った高い打点から強打する

より高い打点で打つことができるジャンピングスマッシュは、地面を蹴り上げる力もボールに伝わる高度なテクニック。

前から後ろに下がるジャンプスマッシュは簡単だが、後ろから前に走ってるところを叩きつけるスマッシュはタイミングがとりづらく難しい。

このテクニックはタイミングさえつかんでしまえば難しいものではない。ジャンプからインパクト、そして着地という流れを自分のリズムに取り組もう。

通常のスマッシュと同様に左腕を使って、ボールとの距離をつかみ、体全体のスイングをすれば威力あるスマッシュが打てるはず。

ジャンプに入る前には、ヒザでタメつくって飛ぶことで躍動感のあるジャンピングスマッシュが打てる。

PART 5
強豪校の練習メニュー

POINT 30

基礎から実戦まで幅広く練習する

CHECK POINT!

1. 基本を反復練習で身につける
2. ラリーで実戦的な練習をする
3. 筋力トレーニングで体を鍛える

義務練習と自主練習で選手として成長する

多くのチームが、部員全員が集まって練習する義務練習と、出る必要はないがコートを開放している日を分けている。

東海大菅生高校では義務練習が1週間に3日あり、それ以外の日は自分の長所を伸ばしたり短所をなくす練習、またはテニススクールに通っている選手はスクールで練習する。このような形をとることによって、自分が考えて練習する自主性を伸ばすことができる。

義務練習はメニューをある程度固定して、テニスに絶対必要な基本技術から実戦練習までをまんべんなく行い、避けがちな筋力トレーニングも行う。ときには指導者が新しい練習法を提案して、成長の手助けをする。**個人の能力が重要視されるテニスでは、それぞれが自分に合った練習をすることが上達につながる。**

コツ❶ 基本技術の練習を反復して行う

テニスは基本ができていないと勝てない。マスターした技術であっても、反復して練習する必要があるのだ。練習する際には、ただ打つだけではなくコーンを置いて目標にし、デッドに狙って打つことを習慣化する。これにより、試合で常に相手にとって嫌なボールを打ち込めるようになる。

コツ❷ ラリーの練習で実戦的な技術を得る

ボールを打ち合うラリーを行うと、より実戦的な技術が身につく。しかし部活動ではコート数が限られているため、複数の選手が同時に練習できる方法を考える必要がある。2対1やポイントごとに選手が交代する練習法でレベルアップを目指す。勝敗をつけて、試合に近い状況で練習しよう。

コツ❸ 筋力トレーニングで体力を高める

練習で技術を得たとしても、体ができていなければ実力を発揮できず試合でスタミナがつきてしまう。ボールを使わない練習であるため避けがちになるが、筋力トレーニングにも取り組まなければいけない。関節まわりの筋肉を鍛えるトレーニングに取り組んで、体を機能的に使おう。

+1《プラスワン》 アドバイス 休息日を設けて疲労を溜め込まない

1週間に1日休息日を設けて、疲労回復に専念する。疲れを溜め込むと、ケガをしやすい体になってしまう。また、毎日ボールを打っているとリフレッシュできず、練習にストレスを感じてしまうこともあるので、休むことも練習の一環と考えて、しっかりと体を調整しよう。

POINT 31

クロスに正確なボールを打つ

ベースラインの中央に立ち、球出しがフォアハンド側のコーナーめがけてボールを出す。選手はそれに反応して、コーンを狙ってクロスに返球。続けてバックハンド側も同じように球出しし、逆クロスに返球して次と交代する。

厳しいコースでも鋭い返球を打てるようになる

左右に振られた厳しいボールに対して、すばやく反応し、クロスに打つ能力をつける。ストロークの基本練習だが、ラリーを制する力をマスターできる。**左右への球出しをクロスギリギリに返す練習で、相手のショットを封じる返球を体に染み込ませよう。**バックを連続3本打ってからのフォアなど、苦手なテクニックを集中的に練習する方法もある。

動画をチェック

POINT

順番を待つ選手はシャドープレーをする

練習をただ見ているだけでは、いざ順番がまわってきたときに上手くプレーできない。次の選手は後方で同じ動きながらプレーをイメージしておく。

フォアハンド側に立ち、球出しがコート手前にボールを出す。選手は前に走ってクロスに返球。次に球出しがコート奥に打ったボールを、後方に走って体勢を整えて同じようにクロスに打つ。連続2本打ったら次と交代。

実戦を想定して前後にすばやく動く

テニスでは左右のステップだけではなく、前後の動きも要求される。浅いボールと深いボールを連続で返球する練習をすると、揺さぶられても体勢を作り直して正しいフォームで打ち返す能力を鍛えることができる。

前で打つときはチャンスボール、後ろは決めきれなかったときの返球、という具合に実戦を想定して練習しよう。コーンをクロスのギリギリの位置に置いて狙い打つ。

POINT

相手に返球されても決して慌てない

チャンスボールをしっかりコーンを狙って打っても、相手にレシーブされることもある。後ろへの球出しは、その返球を想定したボール。慌てず、まわり込んでフォアで再度打ち込むことがポイント。

POINT 32

ラリー練習でスタミナをつける

一方のコートに1人、もう一方には2人の選手が入り、まず1人側のコートに球出しがボールを入れる。返球コースを1人側はクロス限定、2人側はどちらもストレート限定でラリーを続ける。途切れたら球出しがボールを入れる。

2対1の状況でコースを限定してラリーする

2対1の状況で返球コースも限定されるため、1人の選手は走らされながらも、クロス（逆クロス）に強いボールを返さなければならない。**2分間続けて、ダッシュ力とボールコントロール、スタミナを養う。**相手をする2人側の選手も、相手の位置を確認しながら、ボールの強さを調整する必要がある。

POINT

山なりのボールでノーミスを目指す

この練習は1人の選手側が圧倒的に不利となるためラリーが続けにくい。二人側の選手は、ときには山なりのボールを打ってあげて2分間ミスなくラリーする。

動画をチェック

1対1でコートに入り、片側のコート角にコーンを置く。1人はコート全面をカバーし、もう1人はコート半面にエリアを限定してラリーを行う。全面をカバーする選手にチャンスがあればコーンを狙って積極的に打ち込む。

ストロークの精度と強さを状況別に練習する

練習台役となるコート半面をカバーする選手は、相手選手を左右に振って走らせるストロークの精度が求められる。

一方で全面をカバーする選手は、**苦しい状況でも限られた半面コートに、できるだけ強く深いボールを返球するよう心掛ける。**もしチャンスボールが返ってきたら、確実に決められるようコーンを狙う。

POINT

深く鋭いボールでチャンスを導く

守備範囲が広いコート全面をカバーする選手は、苦しい状況からでも逆転できるストローク力を養う。苦しいラリー展開でもチャンスがきたら確実に決められるフットワークと技術が求められる。

POINT 33

サービスからラリーを優位に展開する

コートに1人ずつ入り、一方の選手がボールを持ちサーバーとなる。サービスのコースをワイドに限定し、リターンする選手はストレートに打ち返す。ポイントを奪うことを目的にして、ポイントが決まるまでプレーする。

サービスからの攻撃展開をラリーを含めた練習で鍛える

サービスのコースをワイド、リターンのコースをストレートに限定することによって、サービス後の判断力を高める。

鋭いサービスを打ち込むことができたら前に出てアタックポジションでリターンを待ち、弱いサービスになったらストレートコースを守れる位置にポジショニングする。**サービスの感触で、すばやくラリーの展開を予測することが重要。**

動画をチェック

POINT

リターンエースを狙い準備する

リターンする選手は、サービスのコースがワイドに限定されているので、ストレート深くに返球できるポジションで構える。リターンエースを狙って準備する。

コートに1人ずつ入り、ボールを持つサーバーの選手が、コースをセンターに限定してサービスを打つ。リターナーは自由にコースを決定して良い。ポイント獲得を目指して2～3回のラリーの中で、攻撃を展開する。

コースを限定して サービスの精度を高める

センターにサービスを打つと、相手はバックで対応することになるのでリターンが甘くなりやすい。しかしサービスコースを限定することでレシーバーにもチャンスを与える。好リターンで深く返されると、サーバーは前に出られず、サービス&ダッシュの勢いを生かすことができないので、そこからの立て直しが必要となる。**サービスゲームを優位にするには、ギリギリのコースに速く、回転の効いたサービスを打つことが大切だ。**

POINT

弱いサービスがきたら強く叩く

セカンドサービスで弱いボールがセンターにきた場合には、レシーバーは強く叩き、積極的なプレーでポイントを奪いにいく。サービスゲームのブレイクは試合を左右するのだ。

POINT 34

サービスの速さによってリターンを変える

ベースライン上に、リターンの体勢で構える。球出しがサービスラインから速いサービスをフォアハンド側に打ち、それをストレートコースにブロックリターンする。4〜5球連続でリターンしたら、次の選手と交代する。

動画をチェック

速いサービスへの反応を高める

速いサービスになすすべなくポイントを奪われてしまってはもったいない。優れたサーバーに対抗するためには、**前から打つサービスをリターンする練習で、反応を高めておく必要がある。**この練習法ならば、チームに安定的に速く強いサービスが打てる選手がいなくても、スピードサービス対策が可能だ。まずはフォアから行い、慣れたらバックも行う。

POINT

ブロックリターンでストレートを狙う

速いサービスに対して思い切りスイングすると振り遅れてミスしてしまう。ミートすることのみを意識して、ブロックリターンでストレートコースを狙おう。

ベースラインからやや後方の位置にポジションをとる。球出しが打つフォアハンド側へのセカンドサービスに反応して前に出て、ストレートコースに速いリターンをする。4〜5球連続でリターンしたら、次の選手と交代。

後方からサービスの前に入ってリターンする

セカンドサービスでは相手は威力やスピードよりも正確性を重視してゆるいサービスを打ってくることが多いので、リターンエースを狙うことができる。

通常ポジションをとるベースライン上からやや後方で構え、サービスに対して前に入ってストレートコースに速いリターンをする練習をすれば、相手が反応できないボールを打てるようになる。

POINT

ゆるいサービスに対してはしっかりとスイングする

セカンドサービスは遅いので当てるだけのリターンではポイントを奪えない。助走に加えしっかりとしたスイングで、ボールにスピードとパワーを与えよう。

POINT 35

ネットプレーの反応を高める

各コートに１人ずつ入る。ボールを持った一方の選手が球出ししてボールを入れ、サービスエリア内のみでボレーのラリーを行う。相手からポイントを獲ることも大切だが、慣れないうちはつなぐことも意識する。

ブライアンボレーの練習で ネット際でのプレーを鍛える

ネット際でのボレーの反応とコントロールを高めるために有効な練習がブライアンボレーだ。ボレーのみのラリーを行うことで、ネット際での駆け引きも鍛えることができる。

しかし、いきなり勝負するのは難しいので、**最初はラリーを続けることに重点を置いて行い、徐々にラリーのテンポを速めていこう。**

動画をチェック

POINT

常に足を動かしながらラリーを行う

ネットプレーで足を止めてしまっては、うまくボールを拾えない。常に足を動かす習慣をつけられるように、ブライアンボレーでは意識して足を動かす。

サービスラインの中央に立ち、球出しの速いボールをブロックボレーする。連続で出されるボールを処理しながら前に出る。8 球続けて行ったら次の選手と交代する。

反応速度を高めて ネットプレーを武器にする

ネットプレーはポイントを奪うために有効だが、ボールに触れなかったら即失点となるため、リスクを伴う。**確実にボレーするためには、速いボールに対する反応を高めておく必要がある。**

まずはネットから距離があり反応しやすいサービスラインでボレーする。そこから徐々に前につめて反応速度を高め、8 球目ではネット際でボレーする。

サービスラインで片方のサイドに寄ってポジションをとる。球出しが中央へ出すボールにランニングボレーで対応する。複数人で並び、1 球交代でリズムよく行う。

ダブルスの前衛で必要になる ポーチの技術をマスターする

ダブルスは、二人でコートをカバーするため、ストロークだけではポイントを奪いづらい。勝利するためには、**前衛のランニングボレーで、相手が拾えない位置に打ち込むテクニックが重要となる。**

ポーチの動きを意識した練習に取り組んで、しっかりマスターしよう。フォアハンドとバックハンドどちらもできるよう練習することが大切だ。

POINT 36

さまざまな試合展開を経験する

2人1組のチームを2つ作り、各コートにチームのどちらか1人が入る。球出しが一方のチームのバックハンド側にボールを打つ。そのリターンからラリーを行い、ポイントを奪われた選手はチームメイトと交代する。

試合形式の練習で ピンチからのラリーを制する

テニスにおいてバックハンドのサイドは、もっとも返しづらく弱いところ。**その位置にボールを入れられてからの展開でラリーを制することができると、スキのないプレーヤーになれる。**

シングルスながら2人でチームを作って勝負することで、より試合に近い状況でプレーすることができる。深い位置にリターンして相手の攻撃を防ごう。

POINT

15ポイント先取制で試合を行う

2人で1チームを作る練習であるため、試合と同じポイントではゲームが早く終わってしまい練習に集中できない。15ポイント先取に設定して試合を行おう。

動画をチェック

コートに1人の選手が入り、逆側のコートには2人の選手が入る。球出しが1人のコートのフォアハンド側の甘いところにボールを出す。アプローチショットを受けた選手が、続けてラリーし、片方の選手はコート外に出る。

チャンスボールから前に出てポイントを狙う

相手がベースラインにいる状況でフォアハンド側にチャンスボールが来たら、攻撃に出るチャンス。**強い球を深く打ち込んで、相手をそのままベースラインにクギづけにする。**

相手側のコートに2人いるため確実に拾われてしまうが、有効なアプローチショットを打つことができれば、そのまま攻勢をしかけられる。チャンスを生かすラリー展開を練習で身につけよう。

POINT

アプローチショットからネットプレーをしかける

チャンスボールをアプローチで、前に出てネットプレーをしかける。リスクのあるプレーだが、チャンスと見たら迷わずしかけて確実にポイントを奪おう。

POINT 36+α

ダブルスで勝利する技術をマスターする

ダブルスペアでコートに入り、サービス側は2人がタテに並ぶアイフォーメーションの布陣を敷く。前衛がサービス後に走る方向をサインでパートナーに伝えたら、雁行陣を敷く相手にサービスを打ってラリーを行う。

ピンチの場面で役立つ
フォーメーションを習得する

ダブルスで相手ペアとリターン力に差があり一方的に攻め込まれている状況では、タテに並ぶアイフォーメーションが有効。

サイドを空ける特殊フォーメーションでポイントを奪うためには、ペアの意思疎通が必要不可欠。**前衛は後衛がサービスを打つ前に左右どちらに走るかを、指のサインでしっかりと伝える。**練習で起死回生の戦術を身につけよう。

POINT

サービスはセンターが基本
ワイドに打つとピンチもある

アイフォーメーションでは、ワイドにサービスを打つとストレートでリターンエースをとられることもある。事前のサインで確認してペアのどちらかがスペースを埋める。

2ペアがサービスとレシーブに分かれコートに入る。サーバーはコースをセンターに限定。レシーバーはリターンをフォアハンド・バックハンド問わずストレートを狙う。リターン後はラリーを続ける。

ストレートリターンを練習し ダブルスの弱点を克服する

ダブルスでセンターコースにサービスを打ち込まれた場合には、クロスにリターンするのが安全。ストレートでは前衛にボレーされる危険が高いためだ。

しかし、リターンのコースが読まれてはラリーの主導権を握られてしまう。**ストレートでも鋭いリターンができれば、コートに入れることができる。**相手の予測を裏切るショットを練習しよう。

POINT

ボールを引っ張って 前衛のアミをかいくぐる

ストレートリターンは、ラケットでしっかりとボールを引っ張って軌道に角度をつけることがポイント。油断している前衛に鋭いリターンを放ちエースを狙う。

POINT 36+α サービスとリターンを分けて練習する

2人1組のチームを2チーム作り、それぞれ1人ずつがコートに入る。サービス側をどちらかに固定して、15ポイント先取制で試合をする。ポイントを奪われたら、味方と交代。勝負がついたらサービス側をチェンジする。

サービスゲームを死守するプレッシャーと戦う

テニスでは自分のリズムで打ち込んでラリーを始められるサービス側の選手が有利だ。しかし同時に、サービス側には「ポイントを獲らなくてはいけない」というプレッシャーもかかる。

サービスする側を固定して、**サービスを安定させる技術とポイントを奪うメンタルを鍛える。**

POINT

1コートで4人同時にシングルスの練習をする

部活動ではコート不足に悩むチームが多い。その場合にこの練習は有効だ。1つのコートで4人同時にシングルスの練習ができるので、メニューに組み込もう。

2ペアがサービスとレシーブに分かれコートに入る。サーバーはコースを特定せず、レシーバーはリタンーン後に必ず前に出てツートップの形をとる。

リターンラッシュからのネットプレーを身につける

不利とされるリターンから攻撃をしかけるために有効な戦術がリターンラッシュだ。**リターンからそのまま前に出て、二人でネットプレーを行うことで攻撃的にラリー展開を進めることができる。**

しかしぶっつけ本番では難しいので、練習でしっかりと身につける必要がある。2人で前に出てネットプレーをしかけ、ボレーでポイントを狙おう。

POINT

サービスコースは限定せず駆け引きをする

サービス側はサーバーが前に出られないので、リターンダッシュを攻略できる強いサービスを打ったり、リターンの返球を沈めて相手の足元を狙う。

POINT 37

小さいラリーからはじめる

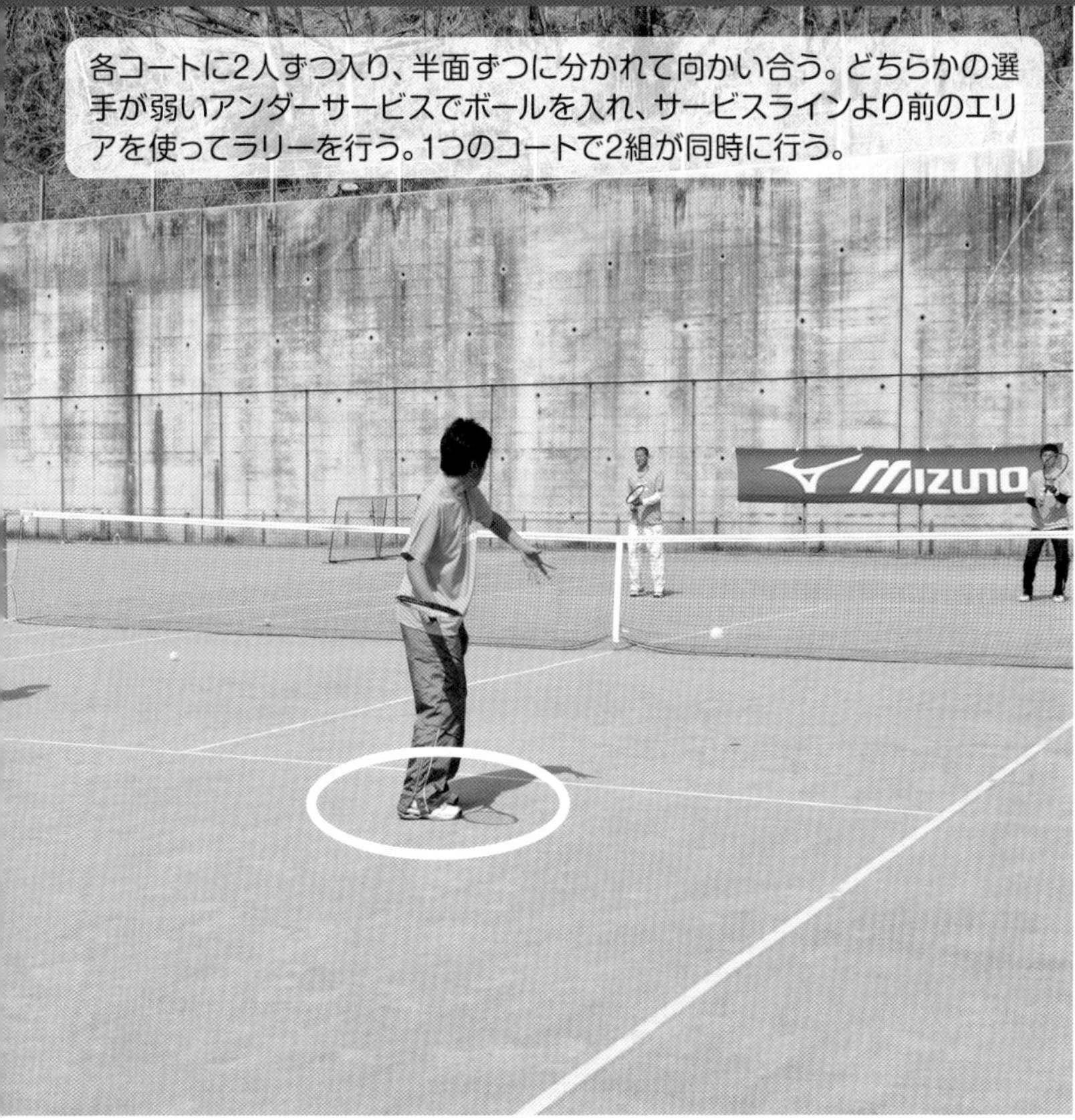

各コートに2人ずつ入り、半面ずつに分かれて向かい合う。どちらかの選手が弱いアンダーサービスでボールを入れ、サービスラインより前のエリアを使ってラリーを行う。1つのコートで2組が同時に行う。

プロも行う ウォーミングアップ

試合当日は、大会会場に入ったら準備運動などで体を軽く動かす。ラケットを持ってもすぐに全力で打ってはいけない。いきなり筋肉を使うとケガをしやすいので、**コート4分の1に分割してラリーするミニテニスを行う**。プロテニスプレーヤーも行う本格的なウォーミングアップトレーニングで、試合で戦えるコンディションを作り、実力を発揮しよう。

POINT

ミニテニスは 1から2分間で充分

ミニテニスはウォーミングアップとラケットの感触をつかむために行うトレーニングなので、長時間行う必要はない。1から2分程度行ったら、距離を伸ばす。

動画をチェック

ベースラインとサービスラインの間に立ち、半面を使って3分ほどラリーする。ラケット面を確認したらベースラインまでさがって、5分程度ラリーをする。

ミドルからフルコートへ ラリーの距離を伸ばす

ミニテニスで体が温まってきたら、ベースラインとサービスラインの間までさがってラリーする。**途中からスライスだけでラリーをして、ラケット面の感触も同時に確認できると、当日の練習時間を有効活用できる。**しっかりと確認できたらベースラインまでさがって半面でフルコートラリーをする。どちらかが前に出て、ボレーする方法もある。

コートに2人ずつ入り、同じサイドの選手がボールを持ち同時にサービスを打つ。そのまま対角線でラリーする。時間に余裕があれば2対1のラリーも行う。

対角線でラリーをし より実戦的な練習をする

半面を使ったラリーだけでは、ウォーミングアップとは言え試合に向けた練習としては不十分。**サービスは感触が重要になるテクニックなので、サービスから対角線でラリーを行う。**ボールがぶつかる可能性は低いので、1つのコートに2組入って練習することができる。左右の動きも確認したい場合には、2対1ラリーを行おう。

POINT 38

テニスに必要な筋肉を鍛える

CHECK POINT!

❶ 関節まわりの筋肉を鍛えて動作の精度をあげる
❷ 関節にはそれぞれ安定性と可動性の機能がある
❸ 不足している部位を集中的に鍛えることもできる

関節の持つ機能を高めるトレーニングをする

筋力トレーニングをする際には、1つの筋肉部位のみを取りあげて鍛える方法がある。しかし全ての動作は、複数の筋肉の連鎖や連動によって行われるため、単一筋肉のトレーニングだけでは効果が薄い。**テニスで効率よく動く体を作るためには、動きの基礎となる関節に注目して鍛えていく必要があるのだ。**

足と股関節は可動性、骨盤など腰まわりとヒザには安定性と、関節にはそれぞれ機能が備わっている。これらを動かすためにある筋肉を鍛えれば、スムーズに動作できるようになる。

鍛えていくためには、筋肉を伸ばす、縮ませる、維持するという3つの動作をバランス良く行う方法が有効。これらを同時に鍛えることは難しいので、専用のトレーニングで鍛えていく。自分に不足していると感じる部位があれば、補うためのトレーニングを抽出して集中的に行ってみよう。

トレーニング❶

前に出したツマ先に手をつけて開く

　直立し、左足を大きく前に踏み込む。前に出した足のツマ先に、両手を重ねてつける。その状態から右手をツマ先から離し、腕を伸ばして真上にあげる。体を開くことがポイント。これにより、足首と股関節、腰を複合的に鍛えることができ、激しい動きの中でも体を支えられる筋肉がつく。

POINT
体勢をキープして3回開閉する

腕を真上にあげたら、ゆっくりと再び手をツマ先につける。これを連続で3回行ったら、逆側に移行する。開閉によって体勢が崩れないように、バランスをキープする。

トレーニング❷

片足を出して体を落とし両腕をあげる

　直立した状態から右足を大きく前に踏み込んで、腰を落とすイメージで体全体を沈み込ませる。次に両腕を真っ直ぐに伸ばして真上にあげる。その状態で3秒間キープする。これによりモモの裏にあるハムストリングスとモモの内側にある内転筋が鍛えられる。肩を伸ばすストレッチ効果もある。

POINT
前に出した足のヒザは直角に曲げる

踏み込んだ足のヒザが直角になるまで体を沈みこませることができると、モモをより鍛えることができる。踏み込みが浅いと曲げたくても曲げられないので注意する。

POINT

四つんばいになるだけでトレーニング効果がある

筋力のない人は、まずは四つんばいの状態をキープしてみよう。体が曲がらないように一直線の状態を保つだけで、体幹の筋肉を鍛えられるので、トライしよう。

トレーニング③

ツマ先とヒジで四つんばいになり片腕を真っ直ぐ伸ばす

ヒジとツマ先を地面につけて四つんばいになり、体を一直線に伸ばす。その状態から片腕を持ちあげて、前方に真っ直ぐ伸ばす。3秒キープしたら、逆側も同様に行う。このトレーニングでは、腹筋、背筋など体幹部分にある筋肉を鍛えることができる。目線を下にキープして行おう。

POINT

足を高くあげなくてもトレーニングになる

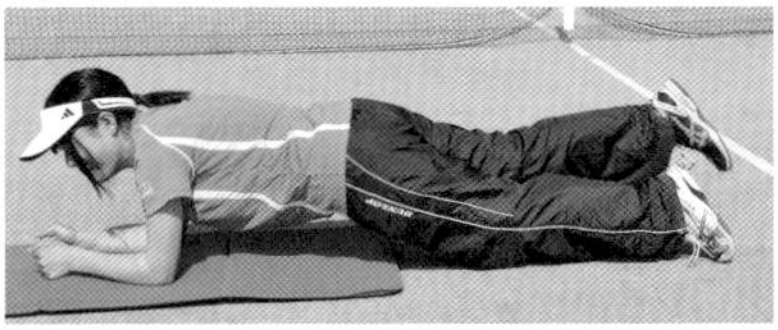

足は高くあげることが理想だが、見た目以上にきついトレーニングなので、慣れないうちは低い位置でキープする。低くてもトレーニング効果は得られる。

トレーニング④

ツマ先とヒジで体を支え片足をあげる

体を一直線に伸ばして、ヒジとツマ先だけを地面につけて体を支える。その状態から片足をあげて3秒間キープする。これにより、背筋を中心とした体幹の筋肉を鍛えることができる。筋力がついてきたら、キープする時間を伸ばしたり足を上下させる動きを加えてトレーニング効果をあげよう。

トレーニング⑤

片手とツマ先を地面につけ上半身をねじる

両手とツマ先を地面につけ、体全体を一直線に伸ばす。その状態から左手を浮かせ、体を開いて腕を真上にあげる。このとき、腕を曲げてはいけない。次にあげた腕を上半身をねじりながらおろしていき、体の下を通して指先を真上にあげる。3秒キープしたら逆側の腕も同様に行う。

POINT

ねじる際には両肩をつけるイメージで行う

体の下を通して腕をあげる動作では、両方の片をつけるイメージを持って行うと上半身をねじりやすい。これによって、腹筋の側部と肩甲骨周辺の筋肉が鍛えられる。

トレーニング⑥

手とツマ先で体を支え左右に動く

手とツマ先を肩幅に広げて地面につけて、体を一直線に伸ばす。次に片方の手とツマ先をあげて、幅をなくすように動かす。両手足がついたら、逆側を動かして幅を広げ、横に移動する。この動きを繰り返して、左右に体を移動させる。これにより肩甲骨周辺と体幹の筋肉が鍛えられる。

POINT

体を一直線にキープし手足を同時に動かす

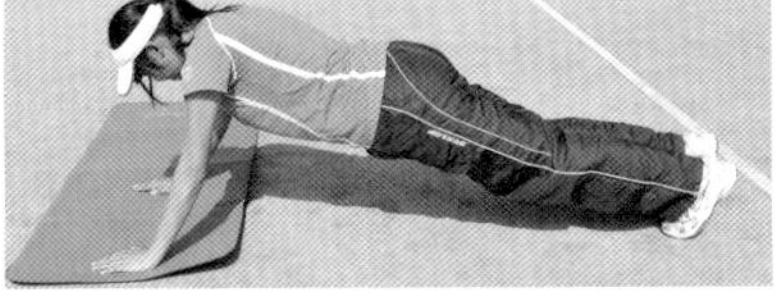

動作が加わるとフォームが崩れやすくなるので、一直線にした体を曲げないように意識して行う。また、手足を連動させて動かすことにも注意して取り組もう。

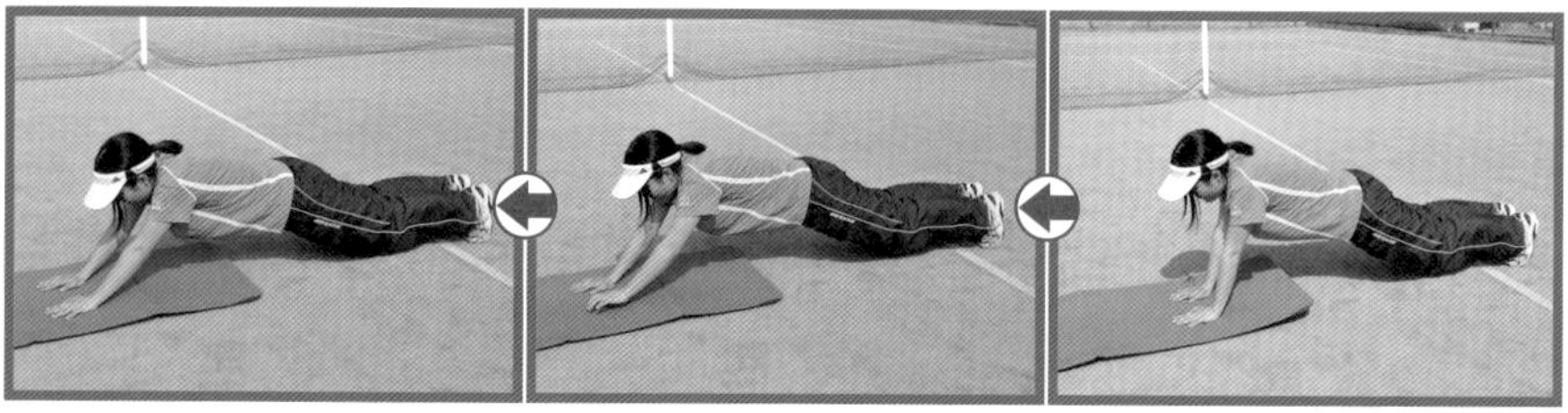

POINT

元の体勢に戻るときもトレーニング

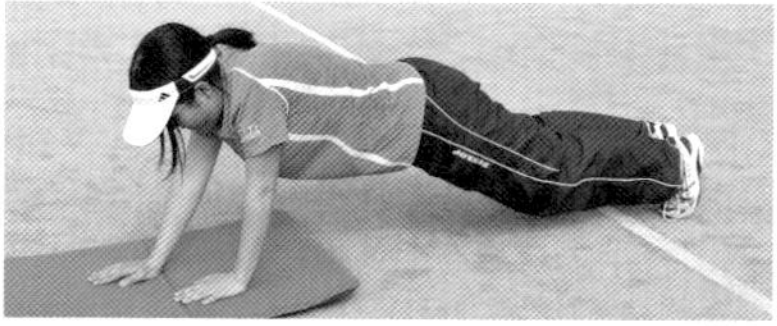

限界まで前に出した腕を戻す際も、トレーニングになるのでゆっくりと1歩ずつ戻していこう。最後まで体勢をキープすることができれば、筋力アップが見込める。

トレーニング⑦

腕を前に運んでいき 限界点でキープする

手とツマ先を地面につけて、体を一直線にする。手は肩幅よりやや狭くつける。その状態から手を歩くように片手ずつ前に運んでいく。バランスがキープできなくなる限界点まで進めたら、その地点で3秒間キープする。これにより体幹の筋肉と、肩周辺のインナーマッスルが鍛えられる。

POINT

スクワットは尻を突き出して行う

スクワットでトレーニング効果を得るためには、体を真下に落とす必要がある。そのためには、尻を突き出してヒザがツマ先より前に出ないよう動作することが重要。

トレーニング⑧

両腕をあげて 体を沈み込ませる

肩幅より大きく足を開いて、背筋を伸ばして直立する。両腕を真っ直ぐにして真上にあげ、上半身をそのままキープして体を腰から沈みこませる。腕をあげてスクワットすることでバランスが崩れやすくなり、それを維持しようと腹筋が働くため効果的なトレーニングとなる。10回程度行う。

トレーニング⑨

片足立ちし上半身を曲げる

両足をつけ、体を真っ直ぐ伸ばして直立する。両腕を左右に開いて手でコブシを作り、親指のみ真上にあげる。片足を浮かせて真後ろに伸ばし、上半身は曲げて前方に倒す。その状態で3秒キープし、逆側も同様に行う。足首と尻の筋肉をバランスキープして鍛え、動作をスムーズにしよう。

POINT

充分に倒さないと効果が薄い地面と平行を目指す

片足を浮かせた程度では効果的なトレーニングにならない。倒す際には、曲げた上半身とあげた片足のラインが地面と平行になるようなイメージで曲げよう。

トレーニング⑩

片足を逆側のヒザに乗せスクワットをする

背筋を伸ばして直立し、両腕を真っ直ぐ真上にあげる。片足のヒザを曲げて逆側のヒザにふくらはぎをつける。その状態から片足をスクワットする。ゆっくりと体を沈み込ませたら、3秒キープしてゆっくりと体を持ちあげる。逆側も同様に行い、バランスキープで尻の筋肉を鍛えよう。

POINT

チームメイトと行い筋力のバランスをチェックし合う

このトレーニングはバランスをとるのが難しく、フォームが乱れやすい。慣れない間はチームメイトと一緒に行い、誤ったフォームになっていないかチェックし合おう。

トレーニング⑪

バランスボールを使って インナーマッスルを鍛える

バランスボールを使うことによってバランスをとりづらくなり、体の深層部にあるインナーマッスルを鍛えやすくなる。両手を地面につけ体の伸ばし、両足をバランスボールの上に乗せる。次に片足をあげて、3秒キープし、逆側も同様に行う。あげるのが難しい場合には、乗せるだけでも良い。

POINT

ツマ先を伸ばす意識で足を持ちあげる

持ちあげる足を付け根から一直線にすると、かなりハードになるので、ヒザは多少曲げて行う。しかしツマ先までピンと伸ばす意識は忘れないように取り組もう。

トレーニング⑫

メディシンボールを使って ストロークの筋肉をあげる

重量のあるメディシンボールというトレーニング器具を使うと、筋力アップが見込める。両手でメディシンボールを持ち、両手でスイングするイメージでボールを持ちあげよう。早く行うとケガの原因になるので、ゆっくり行うことがポイント。10回程度行ったら、バックも同様に行う。

POINT

上半身をしっかりねじって体側を鍛える

しっかりと上半身をねじってタメを作ると効果的。これにより体の側部の筋肉を鍛えることができる。取り組んでスイングスピードをあげ、ストローク力をあげよう。

POINT 39

練習の前後はストレッチを行う

CHECK POINT!

❶ ストレッチには体を動かすものと静止させるものがある
❷ ケガの予防とバランス是正の効果がある
❸ 季節によってもストレッチの種目を変える

状況に合わせたストレッチで効果的に体を伸ばす

ストレッチには体を動かしながら行うものと、体を静止させて行うものがある。練習前は体を温めたいので動きのあるエクササイズでウォーミングアップし、練習後は動きを止めてクールダウンして体を落ち着かせると良い。しっかりと体を伸ばすことができれば、柔軟性を得られるためケガのリスクが減少し、さらにバランスが是正されてイメージ通りのプレーが可能になる。

また、季節によってもストレッチの種目を変える必要がある。暑い時期には外にいるだけで汗をかくのでウォーミングアップから激しく動くべきではないし、逆に冬はしっかりと温めなければ練習で体が動かない。練習を充実させるためには、**コンディションを整えやすいストレッチを選ぶことが重要だ。**実力を発揮するために、体のケアを入念に行おう。

ストレッチ① ステップしながら股関節をまわす

背筋を伸ばして立ち、体を正面に対して半身にし右足を後方で浮かせる。ヒザで半円を描くように足を持ちあげ、前に踏み込む。これを左右繰り返し、ステップしながら進むことで、股関節をまわして伸ばす。

POINT 着地字はツマ先を前に向ける

足を持ちあげて前に踏み込む際には、ツマ先を前に向けて着地する。これによって半身の体勢になりやすくなり、スムーズに逆足に移行できる。

ストレッチ② ヒザを曲げて体を沈め腕をあげる

直立の状態から右足を前に大きく踏み込み、両ヒザを90度曲げて体を真下に沈める。同時に腕を伸ばし右手で左足のカカトにタッチし、左手は上にあげる。次に左足を前に踏み込み、同様に行う。交互にステップする。

POINT 両腕を一直線に伸ばす

腕を伸ばす際には、両腕が1本の線になるように意識して伸ばす。これにより足首とモモの下半身に加えて、股関節も伸ばせるようになる。

ストレッチ③ 体を沈め上半身をねじる

直立し、両腕を左右に開いてヒジを上に90度曲げる。手はコブシを握った状態にする。右足を大きく前に踏み込み、ヒザを曲げて体を沈める。次に上半身を右足の方向にねじる。左側も同様に行い前に進んでいく。

POINT 肩が前を向くようにねじる

上半身を肩が前を向くまでねじる。腕だけまわすと効果が出ないので固定する。しっかり行いモモ裏にあるハムストリングスと体幹を伸ばそう。

ストレッチ 4 歩きながら腕を開閉させる

直立し両ヒジを体側につける。ヒジを横方向に曲げて、手の平を上にして指を開き、指先を外に向ける。その状態から歩き出し、2歩ごとに両手を前に出す、横に開くを繰り返す。前に出す際には手の甲を上にする。

POINT 胸を張って肩甲骨を寄せる

腕の開閉で肩甲骨を寄せる、伸ばすを繰り返すストレッチなので、猫背で行うと効果がない。胸を張った状態をキープして、腕を動かそう。

ストレッチ 5 ヒジを曲げて腕を上下させる

直立し、ヒジを前に曲げる。指先を体の方向に曲げて肩につける。二の腕とヒジ下の腕、手の平で3角形を作ったら、歩きながら交互に上下させる。ヒジを頭より高くあげることで、肩から肩甲骨までの筋肉を伸ばせる。

POINT 心拍数をあげて伸ばす

ストレッチに歩くなどステップの動作を加えると心拍数をあがるので、体が温まり伸ばしやすくなる。ウォーミングアップとしても有効だ。

ストレッチ 6 カカトをあげてカニ歩きする

足を肩幅より広めに開いて立ち、ヒザを軽く曲げて体を沈める。カカトをあげ、手は邪魔にならないように腰に添える。その体勢をキープして横方向に片足ごと動かして進む。足を開閉させる動作で、股関節が伸びる。

POINT 前に進むと尻のストレッチ

体勢そのままに進行方向を前にすると、尻の筋肉を伸ばすストレッチとなる。上半身が前かがみになりやすいので、背筋を曲げないように注意。

ストレッチ 7 足をクロスさせて歩く

直立し、手を腰に添える。足を交差させて前方に歩く。ラインを基準として足を踏み込むとストレッチしやすくなる。急いで行うと足首を痛める可能性があるので、ゆっくりと歩くことを意識してモモの内側を伸ばそう。

POINT 背筋を伸ばし目線は遠くに

前かがみになると効果が薄まるので、背筋を真っ直ぐにキープすることがポイント。目線を前に向けると自然と伸びるので、遠くを見よう。

ストレッチ 8 横になり腕を開閉させる

仰向けに横になり腕を伸ばして左手の上に右手を重ねる。右足のヒザを曲げて、伸ばした左足の上に乗せる。体が左を向いた状態になるので、下半身はそのままにゆっくり右腕を伸ばした状態で保って逆側に開く。

POINT 腕を途中で止めない

体が固いと痛みを感じるが、しっかりと腕が肩まで地面につくように開く。下半身まで開いてしまうと効果がないので、動かさないよう注意。

ストレッチ 9 座って片足を逆側の足に乗せる

尻をついて座り、左足のヒザを曲げる。その上にヒザを曲げた右足のふくらはぎを乗せ、その姿勢をキープする。これにより、尻の筋肉を伸ばすことができる。両手を後方につくと、体を支えやすいので行ってみよう。

ストレッチ 10 うつ伏せになりカカトを見る

うつ伏せになり、ツマ先をやや立てる。手をついて上半身を30度ほど持ちあげ、左足のカカトを見る。これによって上半身がひねられ、背中を伸ばすストレッチとなる。逆側も同様に行い、まんべんなく筋肉をほぐす。

ストレッチ 11 ヒザをついて座り両腕を伸ばす

ヒザをついて座り、上半身を倒して両腕をヒジまで地面につける。そこから尻を後方に引っ張る。この動作により肩を伸ばして筋肉をほぐすことができる。ツマ先を立てることと、アゴを引くことを意識して行おう。

ストレッチ 12 体を沈めて腰をひねる

両足を肩幅より広げて立ち、ヒザを90度曲げて体を沈める。その状態から腰をひねって右肩を前方に持ってくる。これにより、モモの内側の筋肉を伸ばすことができる。背筋を曲げないように注意して逆側も同様に行う。

ストレッチ⑬ イスに座って片足を逆側の足に乗せる

試合でのコートチェンジ中にできるストレッチ。イスに座って休憩しているときに、片足の足首を逆側の足に乗せてストレッチする。テニスで使うことの多い腰と股関節の筋肉を伸ばすことができる。両足とも行おう。

POINT 上半身を前に倒す

ただ乗せるだけでは効果的に伸ばすことができないので、上半身を前に倒してストレッチ効果を高める。短時間でコンディションを整えよう。

ストレッチ⑭ ラケットの両端を持ってまわす

試合中のゲームが途切れた時間などにできるストレッチ。グリップを握り、逆側の手でラケットヘッドをつかむ。腕を伸ばしラケットまわして、腕を交差させる。この動作によって、肩と二の腕を伸ばすことができる。

POINT グリップを握って手首を伸ばす

ショットを打つときと同じようにグリップを握って行うと、手首にもストレッチ効果がある。柔軟にしてプレーの精度を高め、勝利しよう。

+1《プラスワン》アドバイス ストレッチには メンタル安定の効果もある

深く呼吸しながら筋肉を伸ばすことで自律神経を刺激し、メンタルを安定させる効果もストレッチにはある。試合中は緊張や逆境などメンタルが崩れやすい。能力を100%発揮するために、インターバル中や試合前にストレッチをしてメンタルのコンディションを整えよう。

PART 6
大会で勝てる チームづくり

POINT 40

客観的に物事をとらえて雑念を払う

CHECK POINT！
❶ 無理に前向きに思考するとストレスになる
❷ 雑念を払うことが有効なメンタルコントロール
❸ 客観視すれば自然に任せてプレーできる

深く思い込まず 自然に任せてプレーする

メンタルはポジティブに思考することで安定するというのが、定説であった。しかしながら、「ポジティブに考えなさい」と押しつけられるとそれをストレスに感じてしまう場合がある。また、試合中に「良いイメージをしなくてはいけない」と考えるあまりに、逆に悪いイメージに支配されてミスしてしまう選手もいる。

メンタルを乱さないためには、雑念を払い自然に任せてプレーすることが有効だ。ポイントは、客観的に物事を見ること。座禅を組むようなイメージで、マイナス思考を頭の端に流す。これを実践することにより、強者と戦う不安感や苦手意識、団体戦でのプレッシャーを感じることなく試合にのぞめるようになる。まずは、写真を見てそこから生まれたイメージに入り込まないようにする練習をすると良い。

有効なメンタルコントロール方法を身につけて、試合で実力を100％発揮しよう。

POINT 41 遊び心を持ってテニスに取り組む

CHECK POINT!

❶ サボる能力があると上達しやすい
❷ 余裕を持って試合をする
❸ 真面目と遊び心を共存させる

適度にサボって力を抜いて成長する

効率良く上達していく選手は、練習をサボる能力を持っている。練習をしないという意味ではなく、力を入れる場面と抜く場面を心得ているということだ。真面目に常に全力でテニスに打ち込む選手より、こういった姿勢でテニスに取り組む選手の方が成長が早い。

これは、プレーに余裕があるためだ。思い切り行くのか少し遊び心を持って取り組むのかを考えられるため、集中を持続させることができる。これは試合においても生きる能力で、ポイントを奪える見込みのないボールまで全力で追う選手は終盤でスタミナがつきてしまうが、余裕を持ってプレーできる選手は、試合の主導権を握ることができる。

しかし、ずっと遊んでサボっている選手は当然伸びない。**真面目と遊び心を上手くバランス良く共存させることが、伸びていくためには重要なのだ。**常にプレーを楽しむことを忘れずに、練習に取り組もう。

POINT 42

目標を立ててモチベーションキープ

CHECK POINT!

1. 目標を立ててモチベーションを保つ
2. 学年を分けて目標設定する
3. 短期的なハードルも立てる

学年を分けて目標を立て 達成するためのハードルも立てる

テニスに打ち込むモチベーションを維持するためには目標の設定が有効だ。目的なくプレーしていると、練習をする意味を見出せず悩んだり、プレーすることがストレスになってしまう。目指す場所を作ることで、取り組む姿勢を高くキープしよう。ポイントは、自分とチームのレベルに合った目標を設定すること。**大きな目標を1つ立てるのではなく、1年生の間に関東大会出場、2年生で全国進出、3年で優勝、など学年に分ける。**遠すぎる目標は自分の中で薄れてしまうので、区切りのいいところでハードルを立てる。

また、目標達成のために1週間1ヶ月単位の「10本に7本サービスで的に当てられるようにする」など技術的なハードルを立てることも有効。短い間隔で目標達成の喜びを感じられるようになるので、日々の練習が楽しくなる。目標から逆算して複数立ててみよう。

POINT 43

チームの目標を立てて団結する

CHECK POINT!

1. 団体戦で勝つためにチーム目標を立てる
2. 目標を部室やコートに貼る
3. 漏れたメンバーはコート外の役割につく

チーム目標を掲げて団体戦に勝利する

シングルスが重要視するため、テニスがどうしても個人戦ととらえられがちだが、**部活動では団体戦があるためチームで団結する必要がある。そのために設定すべきなのがチーム目標だ。**まず監督も含めた全員でミーティングを行い、団体戦でどこまで勝ち進みたいかを考える。そして決まった目標を部室やコートのワキに貼っておくと、常に目につくため選手全員の意識を高めることができる。

団体戦のメンバーに入れなかった選手は、ガットを張り替えるストリンガーになったり応援にまわるなどそれぞれの役割に徹する。チーム全員で勝つ意識を持つと、団結することができる。選考に漏れたからといってクヨクヨせずに、コート外の役割でチームを支えて盛りあげることに全力をつくし、チームワークで優勝を目指そう。プレー以外のことでも一生懸命取り組むことで、良いメンタルを得られる。

POINT 44 元気づけられる選手がキャプテンに向く

CHECK POINT!

❶ キャプテンを中心にチームをまとめる
❷ コミュニケーション能力のある選手がキャプテンになる
❸ キャプテンを部員全員でサポートする

チームを盛りあげてまとめる役割

キャプテンはチームをまとめ、監督との連絡役になる重要な役割。チームナンバーワンの実力の選手をキャプテンにする場合があるが、テニスの能力とキャプテンの能力は必ずしも一致しないので、キャプテン向きの選手を選んだ方がチームワークが高まる。部活動では監督に怒られることが多いので、**キャプテンがチームメイトを元気づけられる人柄だと、チームの雰囲気を良くすることができる。**また、ミーティングで進行役をする場合もあるので、コミュニケーション能力も必要となる。

選手間で話し合ってキャプテンを決める場合には、立候補した選手を優先しよう。意識やモチベーションの高い選手が勤めると、積極的にまとめてくれるので団結力が増す。しかし、キャプテンに任せきりにしてしまうと負担がかかってしまうので、他のメンバーがサポートして、キャプテンを支えよう。

POINT 45

目的を持って合宿を行う

CHECK POINT!

❶ 合宿には明確な目的が必要
❷ 技術、体力など鍛える部分を決める
❸ 栄養合宿で体重を増やして筋肉をつける

1つのテーマを決めて合宿で集中的に鍛える

合宿をする際には、明確な目的を持って行うことが重要。宿泊していつもと同じ練習をするだけでは、チーム内の雰囲気は良くなるが能力の上達にはつながらない。たとえば、体力アップを目的にして技術練習を全体の3割におさえて残りの7割を筋力トレーニングと走り込み、さらにトレーニング理論の座学まで行うと、体力をつけてさらに鍛える意識も得ることができる。

合宿所にコートがたくさんあるのであれば、逆に技術に特化してゲーム練習中心の合宿にする。太れない体質であるために筋肉がつけられない選手が複数いる場合には、そういった選手たちだけを集めて栄養合宿をするのも良い。食べて寝るを繰り返して、集中的に肉をつけて体重を増やせば、練習で筋肉に変えられる。

テーマを決めて合宿に取り組めば、チーム全体のレベルアップを見込める。

POINT 46

炎症があればプレーをやめ軽症なら自分で治療

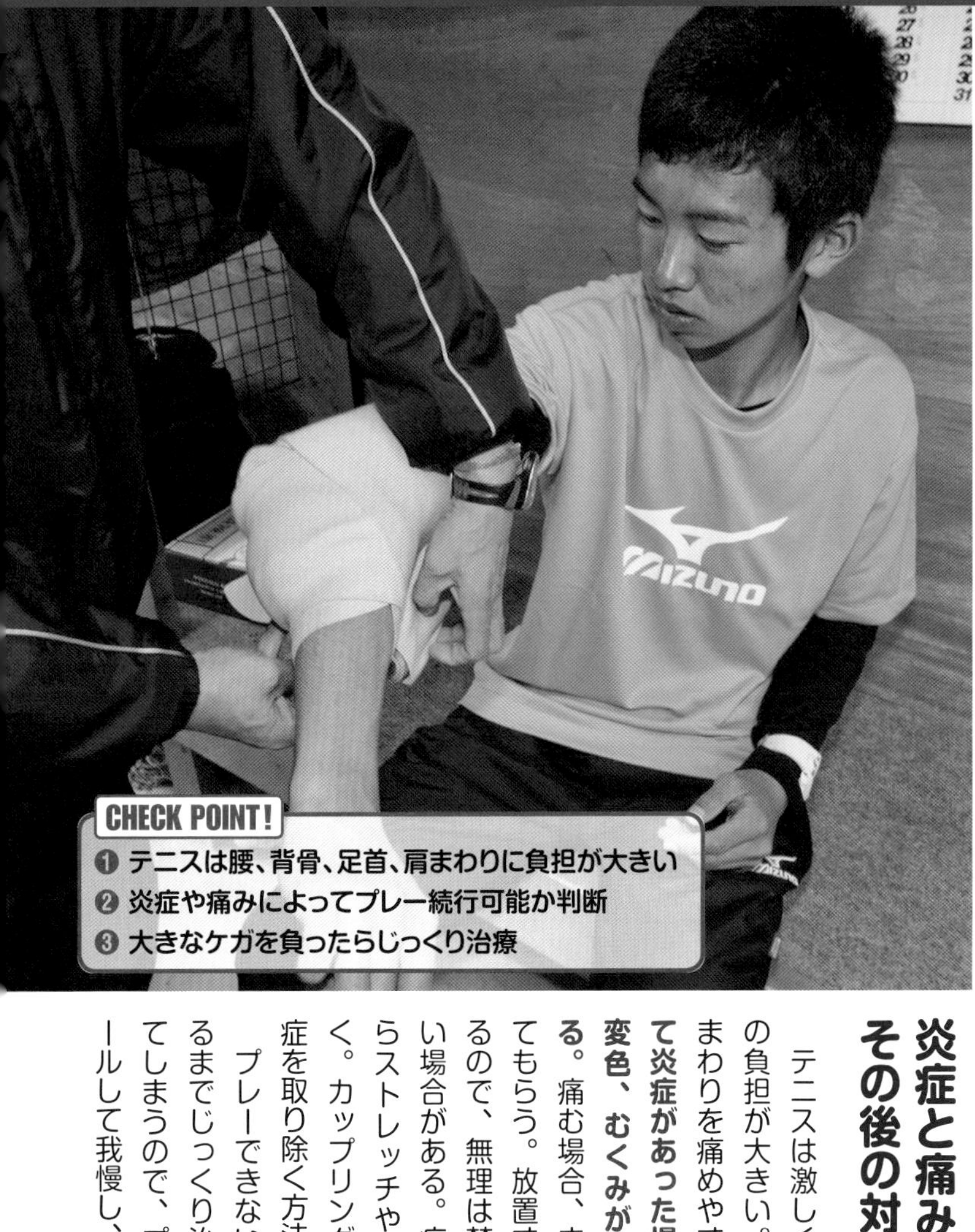

CHECK POINT!

1. テニスは腰、背骨、足首、肩まわりに負担が大きい
2. 炎症や痛みによってプレー続行可能か判断
3. 大きなケガを負ったらじっくり治療

炎症と痛みの有無で判断し その後の対処を決める

テニスは激しく動くスポーツであるため、体への負担が大きい。特に、腰、背骨、足首、肘、肩まわりを痛めやすいので注意が必要だ。**ケガをして炎症があった場合には様子を見て、はれや赤い変色、むくみがあったらプレーを直ちに中断する。**痛む場合、まず病院に行って専門の医師に診てもらう。放置すると選手生命に関わることもあるので、無理は禁物だ。また炎症がある場合とない場合がある。病院に行く必要はないと判断したらストレッチやマッサージで痛みを解消していく。カップリングという吸盤状の器具を使って炎症を取り除く方法もある。

プレーできないほどのケガを負ったら、完治するまでじっくり治す。焦ると逆にケガを長引かせてしまうので、プレーしたくても自分をコントロールして我慢し、治療に専念しよう。

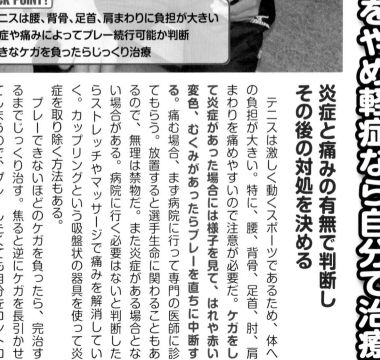

CHECK POINT !

1. ダブルスは意思疎通が重要
2. 性格の合う相手と組む
3. 選手間で決める場合と監督が決める場合がある

POINT 47 意思疎通がスムーズな2人が組む

コミュニケーションしやすく信頼できる相手とペアになる

ダブルスのペアは、プレースタイルが違う2人が組むべきだと言われるが、コンビネーションが勝利のカギとなるため、性格が合うか合わないかの方が重視すべきだ。いくらプレー的に噛み合っていても、意思疎通が円滑でない2人では動きがバラバラになり、ミスばかりしてしまう。**コミュニケーションをとりやすく、目標設定が近いペアリングが強いダブルスを生む。**

ペアは選手間で決めることがあれば、監督が決める場合もある。選手が決められるならば、性格の合う相手と組めばいいし、監督が決めるにしても選手に意見を聞いてから決定するので、組みたい選手を決めておこう。実際に組んでみないとわからない部分も多くあるので、練習でダブルスゲームをしてみても良いだろう。団体戦において2ゲームあるダブルスは重要。どちらも落としてしまうと窮地に立たされる。相乗効果を得られる選手と組もう。

POINT 48

決まった動作を常に行い集中する

CHECK POINT!
❶ ルーティンワークでショットの感覚を統一
❷ 自分に合った動きでつくる
❸ 試合に取り入れて頭を切り替える

自分に合ったルーティンワークをつくって試合に生かす

試合で集中力を持続させるためのメンタルコントロールとして「ルーティンワーク」がある。**決まった動作をつくってそれをすることによって、いつも同じ感覚でショットを打てるのだ。**野球のイチロー選手のバットをまわす動作などがそれにあたる。テニスにおいては、サービスやリターンの時間のあるときに行うと効果的だ。ボールをバウンドさせる回数や、ラケットを手首で回転させる回数を決めるなどのルーティンワークを行う選手が多い。

しかし、ルーティンワークは誰かの真似ではいけない。普段しない動きでは違和感になってしまうので、自分に合ったものを考えることが重要なのだ。自分のプレーをビデオで録画するなどして、良いプレーをルーティンワークのヒントにしよう。つくることができれば、ポイント間の頭の切り替えをスムーズに行えるようになり、メンタルを安定させられる。

POINT 49 他の選手のラケットを使ってストレスをかける

CHECK POINT !

1. 試合はストレスがかかりやすい状況
2. 違うラケットを使って意図的にストレスを生む
3. ストレスに慣れて試合で集中する

使い慣れていないラケットを使ってメンタル強化

試合中には、相手に主導権を握られたり弱点をつかれるなどストレスがかかる場面が多い。メンタルが弱いとこうしたストレスに耐えられず乱れてしまい、ケアレスミスが増えるなどもったいない失点をしてしまう。

ストレスがかかっても対応できるようにするためには、メンタルトレーニングが必要だ。その1つに、他の選手のラケットで練習をするという方法がある。マイラケットは自分のプレーに合ったサイズで購入し、ガットのテンションも調整しているため、当然使いやすい。これが感触の違う他の選手のものとなったら、ボールの軌道がイメージ通りにいかないなど強いストレスを感じるはずだ。

このように、**あえてプレーしづらい状況を作って練習試合をすれば、試合でストレスがかかってもメンタルを崩すことなく集中状態を維持できる**ようになる。試合前に取り組んでみよう。

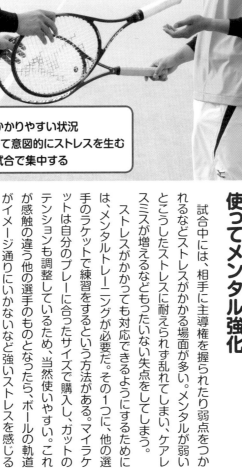

POINT 50

ハンディをつけて逆境に慣れる

CHECK POINT!

1. テニスはマッチポイントからも逆転可能
2. ハンディキャップマッチでメンタルを磨く
3. 技術と精神力をどちらも鍛えてレベルアップ

点差がひらいた状況から試合をしてメンタルを鍛える

メンタルの弱い選手は、試合で弱点をつかれたり追い込まれると焦って積極的にプレーできなくなったり、諦めたりしてしまう。しかしテニスはマッチポイントをとられてからでも逆転が狙えるスポーツなので、**逆境に陥ってもメンタルを乱さずに集中力をキープしなくてはいけない。**そのためには、練習でメンタルトレーニングをしておくことが重要だ。

　点差がついた状況から行うハンディキャップマッチを行えば、逆境に慣れることができ、ボールを大事にしながら勝負どころで攻撃的なショットを打てる強いメンタルを得られる。反対に勝っている状況から試合を始めれば、油断せずに確実にポイントを積みあげていく戦い方が身につくので、どちらも取り組もう。

　プレッシャーなどメンタルに負荷がかかる練習を日頃から行って、技術と精神力を高めてスキのないテニスプレーヤーになろう。

CHECK POINT!

1. メンタルの乱れがミスになる
2. 試合前に心構えをつくる
3. 試合に油断やあきらめを持ち込まない

POINT 50+α ポイントごとに集中する

試合前にあらゆる状況を想定する

テニスの試合は、最後の1ポイントが決まるまで勝敗のわからないゲームだ。それだけに試合中にメンタルが乱れると、思いも寄らないことで、ミスしたり、最悪の場合ゲームを落としてしまうこともある。

試合コートへの集合時間が近づいてきたら、まず試合に対する心構えをつくる。ここでは相手との実力差や対戦経験の有無などを加味して、試合で起こり得る展開を想定する。試合が始まったら相手の実力が自分より上または下であっても怠らない。リードしたときには「油断しないで戦う」、リードされたときには「最後まであきらめない」、タイブレークになったら「目前の1ポイントに集中する」という当たり前のことを徹底し、ときにはガットを整えるなどをして、集中する。そうすることで実際の試合ではドタバタすることなくプレーでき、相手の格や名前に気後れすることもない。

POINT 50+α

ペアに前向きな声をかける

CHECK POINT!

1. ダブルスは信頼関係が重要
2. 勇気付ける言葉をえらぶ
3. 練習からよく話し合っておく

ペアで励まし合い試合に勝つ

ダブルスの試合は、技術だけでなくペアの信頼関係が試される状況ともいえる。特に大事な試合や勝負のかかったシチュエーションでは、ポイントや状況に応じて、パートナーに言葉をかけることが必要だ。ここで間違った言葉がけや態度をしてしまうと、互いの信頼感を損なわれてしまったり、不安や緊張を高めてしまう。

言葉がけでは、気持ちや姿勢、準備、集中力を高める内容の言葉がベター。試合中の技術指導や悪いところの指摘は逆効果になりやすい。励ますつもりが、逆にプレッシャーを与えたり、混乱させたりすることもある。

試合では、勇気付けることを目的とした言葉掛けやコミュニケーションであることが大切。また普段の練習からパートナーとよく話し合い、相手の要求を理解した上で、試合中の適切な接し方を把握しておくようにしたい。

POINT 50+α

試合内容を整理して反省し次につなげる

CHECK POINT!
❶ 試合が終わったら内容を整理する
❷ 自分の考えをコーチに口で伝える
❸ 負けた場合は家に持ち帰って整理する

プレーを客観視して分析し試合内容を次につなげる

試合が終わったら、試合の内容を振り返って整理し、自分の良かった点と悪かった点をあげて反省する。そして自分の考えをコーチに口で伝える。テニスノートを作っている選手は書き込んで整理しても良いが、必ず話して伝えることがポイント。**文章より言葉の方が内容を明確にする必要があるため、話すことでより試合を整理できるようになる。**また、「この試合で学んだ○○の部分を次につなげたい」とコーチに宣言することによって、その目標を達成する必要が生まれて翌日からの練習の集中力が増す。

敗戦した場合は、メンタルが乱れて上手く整理できない場合があるので、家に持ち帰ってじっくりと整理して、翌日コーチと話す。悔しさでいっぱいになっていても、試合内容を分析すれば客観的に自分を見ることができるので、メンタルを落ち着かせられる。勝敗に関わらず、試合で得た経験を次へのステップにしよう。

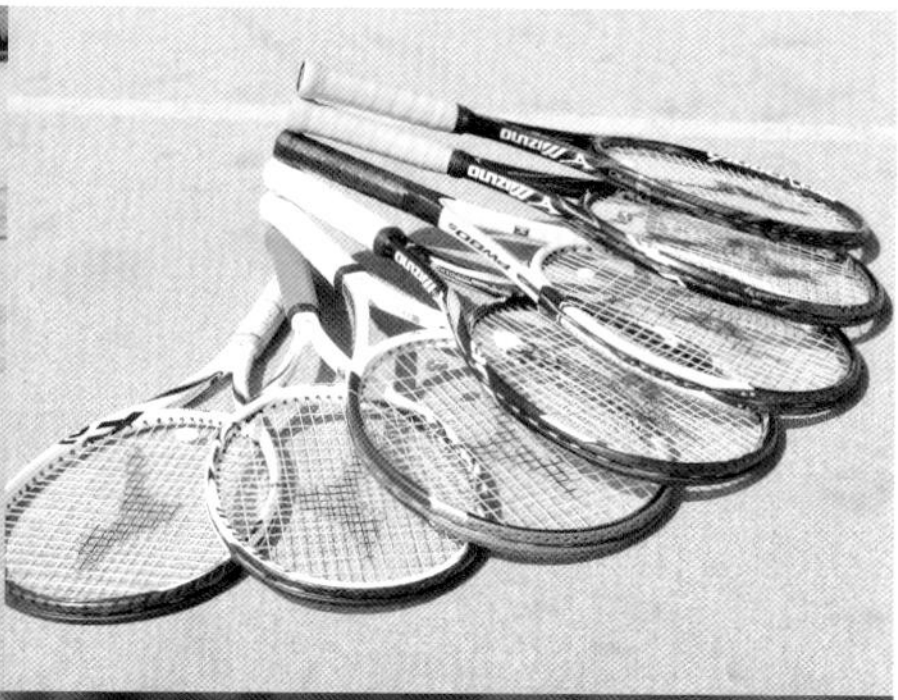

モデル
国士舘高校　女子硬式テニス部

監修
矢崎　篤

1962年3月15日生まれ。

1983年より東海大学菅生高等学校テニス部顧問として指導。同チームはインターハイ出場25回、全国選抜22回出場。全日本ジュニアダブルス優勝、インターハイシングルス及びダブルス準優勝、全国選抜準優勝2回という実績を残す。2005年より東京都国体少年男子監督として、優勝、準優勝、3位、4位を経験。

■二次元コードを使用しない場合は、以下のURLより動画を視聴できます。
https://gig-sports.com/category/ct/

モデル
東海大学菅生高校　硬式テニス部

動画モデル
三村夏偉　北澤聖弥

撮影協力
東海大学菅生高等学校

1983 年東京菅生高等学校として開校し、東海大学傘下になるとともに東海大菅生高等学校に校名を変更。学力向上を教育目標を掲げるかたわら、多くのクラブが全国レベルで好成績を残している。文武両道の教育で生徒の可能性を最大限に発揮し、社会で活躍できる人材を育成している。

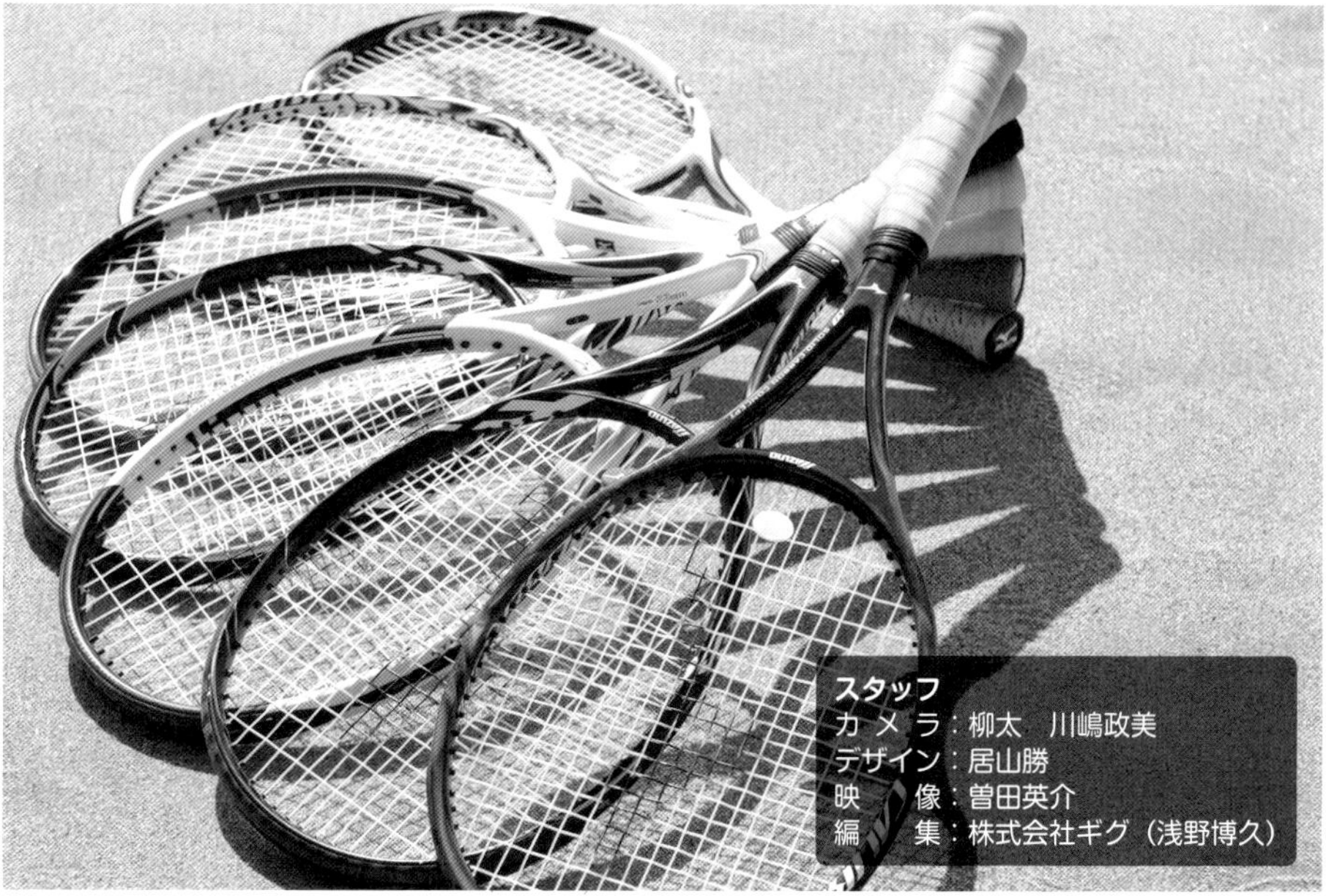

スタッフ
カメラ：柳太　川嶋政美
デザイン：居山勝
映　像：曽田英介
編　集：株式会社ギグ（浅野博久）

部活でスキルアップ! 勝つテニス
動画でわかる最強のコツ50

2024年4月5日　第1版・第1刷発行

監修者　矢崎 篤（やざき あつし）
発行者　株式会社メイツユニバーサルコンテンツ
　　　　代表者　大羽 孝志
　　　　〒102-0093東京都千代田区平河町一丁目1-8
印　刷　株式会社厚徳社

ご意見・ご感想はホームページから承っております。
ウェブサイト　https://www.mates-publishing.co.jp/

企画担当：千代 寧

※本書は2019年発行の『部活で差が付く！勝つテニス 最強のポイント50』を元に加筆・修正を行い、動画の追加、書名・装丁を変更して新たに発行したものです。